CAROLINE QUINE

ALICE
AUX ILES HAWAÏ

TRADUCTION D'ANNE JOBA

ILLUSTRATIONS DE JEAN-LOUIS MERCIER

HACHETTE

L'ÉDITION ORIGINALE DE CE ROMAN A PARU EN
LANGUE ANGLAISE CHEZ GROSSET & DUNLAP,
NEW YORK, SOUS LE TITRE :

THE SECRET OF THE
GOLDEN PAVILLON

HACHETTE, 79, BOULEVARD SAINT-GERMAIN, PARIS VIe

CHAPITRE PREMIER

LE VISITEUR NOCTURNE

LES YEUX BRILLANTS d'animation, Alice Roy regardait le paysage qui se déroulait au-dessous d'elle. Elle était à bord d'un hélicoptère privé à destination de l'aéroport de River City. Déjà, grâce à la clarté lunaire, on apercevait les toits de la ville se détachant sur le ciel nocturne.

« Nous voilà presque arrivés, Togo », dit-elle au petit terrier sagement assis à côté d'elle. Il arborait fièrement à son collier le ruban bleu qui venait de lui être décerné à l'exposition canine de Niptrack, ville située à quelque deux cents kilomètres de River City.

Alice se pencha en avant et demanda au pilote :

« Serait-il possible de descendre un peu, s'il vous plaît? J'aimerais tellement voir ma maison d'en haut! »

Le jeune homme secoua la tête.

« Cela nous est formellement interdit. Je le regrette. Mais prenez mes jumelles, peut-être vous permettront-elles de la voir quand même. »

Tout en parlant, il lui tendit un étui. Alice en sortit une paire de jumelles qu'elle régla à sa vue.

« C'est merveilleux! s'exclama-t-elle. Je la distingue très nettement. »

Une seconde plus tard, elle poussa un cri d'angoisse :

« Oh! Un homme escalade le toit! Il pénètre dans le grenier par une lucarne! Un voleur, sans doute! Oh! Sarah! ma chère Sarah! Pourvu qu'il ne lui arrive aucun mal! »

En quelques mots, Alice expliqua au pilote que Sarah lui avait servi de mère depuis sa tendre enfance, après la mort de Mme Roy. Hormis son père, c'était la personne qu'elle aimait le plus au monde.

« Je vous en prie, envoyez un message-radio à la tour de contrôle, demanda-t-elle. Dites ce qui se passe et demandez qu'on alerte tout de suite mon père. Il m'attend à l'aéroport. Il téléphonera à la police! »

Aussitôt le pilote se mit en contact avec la tour de contrôle. Puis, à la demande d'Alice, il se mit à décrire des cercles autour de la maison. Moins de cinq minutes plus tard, ils virent l'homme ressortir du grenier par la lucarne et gagner une longue échelle métallique appuyée contre le mur. Il tenait à la main un porte-documents.

Il opéra une descente rapide, plia l'échelle plusieurs fois sur elle-même et, l'ayant hissée sur son épaule, disparut entre les arbres.

De nouveau le pilote entra en communication avec la tour de contrôle. Puis il donna son avis :

« Le mieux à faire maintenant est de regagner tout de suite l'aéroport. »

Peu après, il immobilisait son hélicoptère sur le ciment. Alice prit Togo sous un bras, son sac sous l'autre, et courut vers la sortie.

Un taxi attendait. Alice connaissait bien le chauffeur.

« Bonsoir, Joe, dit-elle.

— 'soir, répondit le chauffeur. Votre père m'a demandé de vous ramener chez vous. On m'a dit que vous alliez trouver du travail là-bas. J'ai entendu M. Roy parler d'inspecteurs de police et d'un voleur.

— Oh! Quelle chance! Papa a reçu mon message! » s'écria Alice.

Elle sauta dans le taxi, et le chauffeur démarra vivement.

Comme la voiture s'arrêtait devant la porte d'entrée d'une grande demeure en brique, M. Roy s'avança pour serrer sa fille dans ses bras.

« Quel plaisir de te revoir, ma chérie! » dit-il.

C'était un homme grand et distingué dont le visage exprimait la bonté et la droiture. Il exerçait la profession d'avocat et tout le monde, à River City, le tenait en profonde estime.

« C'est bon d'être de retour! soupira sa fille. Et le voleur?... L'avez-vous attrapé?

— Malheureusement non! »

Déjà Togo s'était précipité dans la maison et courait partout comme un fou en aboyant de joie. Sarah fit son apparition.

« Sarah! s'écria Alice en se jetant dans ses bras et en l'embrassant avec fougue. Tu n'as rien?

— Mais non, mais non, ma chérie. A dire vrai, et j'ai honte de le confesser, je n'ai même pas entendu le voleur. Je voulais t'attendre, et voilà que je me suis endormie dans mon fauteuil. Je ne me suis réveillée qu'à l'arrivée de ton père. A propos, ajouta-t-elle en se tournant vers M. Roy, a-t-il emporté quelque chose? »

L'avocat dit n'avoir constaté qu'une seule disparition, celle de sa serviette de cuir. Elle contenait des documents ayant trait à une nouvelle affaire dont il s'occupait.

« Il se peut que le voleur ait voulu s'emparer des papiers, à moins qu'il ne se soit surtout intéressé à un objet joint aux documents, un objet assez étrange. Mon client, M. Sakamaki, d'Hawaï, m'avait prié de te le remettre, Alice. Il s'agissait de la copie d'un fétiche polynésien très rare — une figure de bois sculptée mi-homme, mi-oiseau. Comme cela n'avait pas grande valeur, je ne comprends pas très bien le mobile du vol. »

Alice voulut savoir comment le voleur avait pu apprendre ce que contenait la serviette de cuir. M. Roy resta pensif un moment, puis il répondit :

« Ce matin, j'ai déjeuné avec mon nouveau client. Il m'a parlé de son affaire. Comme nous étions dans un restaurant assez fréquenté, il est possible que, assis à une table voisine, l'homme ait écouté notre conversation.

— Ce nouveau cas, dont tu as accepté de t'occuper, a-t-il un rapport quelconque avec la Polynésie? s'enquit Alice.

— Oui et non. Ecoute! Le plus simple serait que M. Sakamaki te raconte lui-même toute l'histoire. Il se peut que tu relèves quelques détails qui m'auraient échappé. Quand je lui ai dit que tu raffolais de tout ce qui était mystérieux, il a paru très intéressé. »

M. Roy regardait Alice avec une lueur d'amusement dans les yeux. Il souriait.

« Or, certains aspects de cette affaire restent assez énigmatiques. Ta réputation de détective étant parvenue jusqu'à lui, M. Sakamaki aimerait que ce soit toi qui les élucides.

— Voilà qui me plairait! s'exclama Alice, radieuse. Quand pourrais-je faire la connaissance de ton client?

— Demain matin, à mon bureau. »

Tandis que Sarah préparait un léger souper, M. Roy appela le commissariat de police. L'inspecteur de service qui lui répondit n'avait pas encore reçu de nouvelles de la patrouille envoyée à la poursuite du voleur. L'on avait déjà fouillé plus de cent voitures dans les alentours de la maison des Roy. Hélas! aucune échelle pliable n'avait été retrouvée.

« Nous continuons les recherches, ajouta le sergent. On ne sait jamais! »

Le lendemain matin, après le petit déjeuner, Alice et son père se mirent en route pour le bureau de M. Roy. Peu après leur arrivée, la secrétaire frappait à la porte et annonçait :

« M. Kamuela Sakamaki désire vous parler, monsieur. »

Un homme d'environ quarante ans, de taille moyenne, le visage souriant, apparut sur le seuil. Il avait la peau légèrement bronzée et de grands yeux de velours noir.

M. Roy le présenta à sa fille.

« Je suis enchanté de faire votre connaissance, mademoiselle, dit M. Sakamaki. Et j'espère que votre père et vous-même consentirez à prendre mes intérêts en main. »

M. Roy pria le visiteur de s'asseoir. Celui-ci expliqua qu'il était mi-polynésien, mi-japonais.

« Mon nom est polynésien, il signifie « Sam » et, quand je l'estime nécessaire, c'est cette traduction que j'emploie dans les affaires. Cependant, loin de renier mes ancêtres polynésiens, j'en suis très fier. »

M. Sakamaki précisa qu'il avait mis au point certains procédés de finition pour les meubles exécutés à la main — art pratiqué par ses ancêtres polynésiens. Comme eux, il employait de la peau de requin à la place du papier de verre.

« En ce moment, j'enseigne ce procédé dans une fabrique de meubles qui s'est montée dans les faubourgs de votre ville. Ma femme et moi, nous avons loué une maison à River City et nous pensons y rester une année. »

Il poursuivit en disant qu'il venait d'hériter une importante somme d'argent et de vastes terres ayant appartenu à son grand-père, Nikkio Sakamaki, d'Honolulu. La propriété s'appelait Kaluakua. Tout à trac, il demanda :

« Mademoiselle Roy, accepteriez-vous de vous y rendre et de m'aider à élucider un mystère? »

De sa poche il sortit un papier sur lequel étaient dessinés deux symboles.

« Voilà un indice qui vous aidera peut-être. »

Il tendit le papier à Alice, qui considéra le croquis avec surprise.

« Que veulent dire ces signes? demanda-t-elle. Le savez-vous, monsieur?

— Hélas! non. A ma grande confusion, répondit M. Sakamaki. J'aurais voulu me renseigner à ce sujet, mais le temps m'a manqué. »

Peu avant de mourir, son grand-père lui avait envoyé ces symboles sans y joindre l'explication. Toutefois, une lettre accompagnait le singulier rébus. Elle disait seulement :

« Ne renonce jamais à Kaluakua avant d'avoir élucidé son mystère. »

CHAPITRE II

UN SUSPECT

COMME ALICE CONTEMPLAIT les étranges symboles, son cœur se mit à battre plus fort. Le problème qui se posait à elle était certes le plus singulier de tous ceux qu'elle avait eus à résoudre jusqu'à ce jour.

« Cette affaire me paraît très intéressante! » dit-elle.

Et pourtant, elle n'en était pas à ses débuts dans la carrière de détective amateur.

M. Sakamaki lui sourit.

« Kaluakua vous plaira beaucoup. Le domaine

longe la rive de Waikiki, ce quartier bien connu d'Honolulu. La maison est très belle et entourée de jardins aux parterres de fleurs multicolores. C'est un véritable paradis où l'on aimerait passer d'éternelles vacances. »

Alice jeta un regard interrogateur à son père.

L'avocat se tourna vers M. Sakamaki :

« Je suppose, monsieur, que vous désirez vous rendre là-bas pour voir ce qu'il en est?

— Ce n'est certes pas l'envie qui m'en manque, répondit l'Hawaïen. Malheureusement, j'ai d'importantes affaires à régler qui me retiennent sur le continent. »

Il marqua une légère pause puis, s'adressant à Alice :

« Nous autres Hawaïens, nous appelons les habitants des Etats-Unis des « continentaux ».

M. Sakamaki révéla ensuite aux Roy que l'héritage comportait en fait deux mystères. Il venait d'apprendre qu'un frère et une sœur, actuellement présents à Honolulu, réclamaient leur part du domaine, affirmant être les petits-enfants du défunt.

« Et ce n'est pas tout, poursuivit M. Sakamaki. Le régisseur m'a écrit qu'il se passait de bien curieuses choses à Kaluakua.

— De quel genre? demanda Alice.

— D'abord, répondit M. Sakamaki, il lui est arrivé à plusieurs reprises, alors qu'il était sur la plage, de voir un inconnu se dissimuler à son approche. Quand il le hélait, l'homme sautait dans une vedette à moteur et s'éloignait vers la pleine mer. Ensuite, il y eu l'incident du Pavillon d'Or, un petit édifice bâti dans les jardins. Quelqu'un a brisé les dalles à coups de pioche.

— Un pavillon? d'or? » répéta Alice.

M. Sakamaki expliqua à la jeune fille qu'il s'agissait d'une sorte de petit temple ouvert d'environ dix mètres de diamètre, composé de colonnes disposées en cercle et surmontées d'un toit dont la couverture était faite de feuilles d'or.

« Le secret de Kaluakua aurait-il un lien quelconque avec ce pavillon? » demanda Alice.

M. Sakamaki eut un léger haussement d'épaules signifiant qu'il n'en savait rien.

« Quel que soit ce secret, j'aimerais qu'il me soit révélé aussi vite que possible. Mon intention est d'offrir le domaine à la ville d'Honolulu. Le Pavillon d'Or serait un théâtre de plein air idéal. Voyez-vous, je n'ai pas besoin de Kaluakua. Je possède à Honolulu une maison très plaisante que je préfère habiter. »

Son visage s'assombrit, et il poursuivit :

« Ah! c'est vrai, j'oubliais les Chatley. C'est le nom de ces gens qui revendiquent l'héritage de mon grand-père. Ils veulent sans doute vendre la propriété.

— Votre grand-père ou une personne de votre entourage vous a-t-elle jamais parlé de ces Chatley? demanda M. Roy.

— Non. Ils prétendent que mon grand-père se serait marié en Californie, quelques années avant de s'installer à Honolulu. Selon eux, il aurait abandonné sa femme et sa petite fille encore au berceau. Connaissant mon grand-père comme je l'ai connu, je ne l'imagine pas se conduisant ainsi. Il était original, mais d'une très grande bonté et d'une rare droiture. Mes parents, morts avant lui, n'ont jamais fait la moindre allusion à cela devant moi.

— Votre grand-père était-il originaire d'Hawaï?

— Non. Il venait du Japon. Et il avait épousé une Polynésienne. »

A une question de M. Roy, l'Hawaïen précisa que les Chatley se prénommaient Fred et Jane. Cette dernière avait épousé un certain Conrad Bradfield. Le frère et la sœur étaient âgés d'environ trente-cinq ans.

« Comme je vous l'ai dit, c'est la première fois qu'ils se manifestent d'une manière ou d'une autre », ajouta M. Sakamaki.

Et se tournant vers la jeune fille :

« Je m'étais adressé à votre père, Alice, avant que ne surgissent ces diverses complications. Je viens de recevoir une lettre du banquier d'Honolulu que mon grand-père avait nommé exécuteur testamentaire. Il me fait part des revendications des Chatley.

— Quels sont les termes du testament?

— Mon grand-père déclarait léguer ses biens à ses petits-enfants, répondit M. Sakamaki. Je croyais être le seul survivant jusqu'à ce jour. »

Il pria ensuite M. Roy de s'occuper non seulement des problèmes légaux que soulève tout héritage, mais aussi de ce problème particulier : les droits éventuels des Chatley. Puis il demanda à Alice si elle consentirait à élucider le mystère qui planait sur Kaluakua.

« Oh! oui, s'empressa de répondre la jeune fille. Tu m'y autorises, papa? »

L'avocat regarda sa fille avec tendresse.

« Il y a un petit *hic*, dit-il. Je ne peux pas quitter River City tout de suite. Par ailleurs, il faudra que je m'arrête à Los Angeles pour mener une enquête sur les Chatley. Nous perdrons un temps précieux avant d'arriver à Honolulu. »

M. Sakamaki se pencha en avant.

« Alice, n'auriez-vous pas des amis qui pourraient vous accompagner? demanda-t-il. Et cette fidèle gouvernante, dont votre père m'a parlé, consentirait-elle à faire le voyage? »

Alice ne répondit pas sur-le-champ. Sa pensée s'envola vers ses deux meilleures amies, Bess Taylor et sa cousine, Marion Webb. Hélas! le prix du voyage paraîtrait exhorbitant à leurs parents.

L'Hawaïen devina sans doute cet obstacle.

« Je désire que ce mystère soit élucidé. C'est ce qui compte avant tout. J'ai la chance de n'avoir aucun souci d'argent. Si vous le permettez, tous les frais de cette expédition seront réglés par mes soins. »

Alice ouvrit de grands yeux et rougit de plaisir. Toutefois, la décision appartenait à son père.

Avant de répondre, M. Roy regarda par la fenêtre pendant quelques minutes. Il réfléchissait, pesait le pour et le contre, en homme prudent. Puis il se tourna vers M. Sakamaki :

« J'accepte votre proposition à une seule condition : je ne recevrai pas d'autres honoraires. Vous réglerez les frais de voyage de ma fille et de ses amies, et nous serons quittes.

— Comme vous voudrez, répondit M. Sakamaki. Je m'emploierai de mon mieux à rendre le séjour de Mlle Roy et de ses amies aussi agréable que possible. »

Sur ces mots, il se leva et serra la main de M. Roy et de sa fille.

« Je ne sais comment vous remercier, ajouta-t-il. Vous me soulagez d'un grand poids. Je vais prendre les dispositions nécessaires. »

Il s'inclina et sortit du bureau. Restée seule avec son père, Alice se jeta dans ses bras.

« N'est-ce pas merveilleux, papa? Il me semble rêver. Je n'arrive pas à y croire! »

Son père partagea sa joie. Bess et Marion, dit-il, obtiendraient sûrement la permission de l'accompagner.

« Quant à Sarah, elle ne sera que trop contente de veiller sur toi et de t'empêcher de commettre des imprudences, ajouta-t-il avec un sourire. »

Alice, elle, ne souriait plus. Le visage tendu, elle fixait la fenêtre.

« Que se passe-t-il? » s'enquit M. Roy.

La jeune fille tendit le doigt; dans la direction indiquée, sur le toit d'un immeuble voisin, son père vit un homme déplier une échelle articulée et la dresser contre une fenêtre de l'immeuble contigu.

« C'est peut-être le voleur qui s'est introduit chez nous la nuit dernière! » s'écria Alice.

Aussitôt M. Roy prit le récepteur du téléphone et forma le numéro d'un avocat qui occupait le bureau auquel appartenait cette fenêtre. Après s'être entretenu quelques minutes avec lui, il raccrocha et dit à Alice :

« Il s'agit d'un laveur de carreaux.

— Allons lui parler tout de même », répondit Alice, impatiente.

M. Roy y consentit; ils se rendirent donc chez son collègue. Celui-ci leur apprit que l'homme s'appelait Cedric White et qu'il était employé par une société de nettoyage.

Alice s'approcha de la fenêtre à laquelle le laveur travaillait. Après un échange de banalités, elle lui demanda :

« C'est assez inhabituel, n'est-ce pas, de se servir d'échelles pour ce genre d'ouvrage. D'ordinaire, on nettoie les vitres de l'intérieur.

— En effet, mademoiselle, répondit Cedric. Cependant, mon patron et moi, nous avons inventé cette échelle. Vous avez vu : elle n'est pas comme les autres. Je l'utilise pour atteindre les endroits d'accès difficile.

— Je comprends. A quelle hauteur parvenez-vous? Jusqu'au troisième étage d'une maison?

— Bien sûr, répondit Cedric. Je n'ai eu aucun ennui jusqu'à présent. »

Alice jugea que l'homme n'avait rien d'un voleur. Une pensée lui traversa tout à coup l'esprit.

« Vous arrive-t-il de louer ou de prêter une échelle de ce modèle? » demanda-t-elle.

Cedric la regarda avec surprise.

« C'est une drôle de question que vous me posez

là, mademoiselle, dit-il, parce que je l'ai fait une seule fois : la nuit dernière.

— Pourquoi vous l'a-t-on empruntée? fit vivement Alice.

— A dire vrai, mademoiselle, répondit Cedric, M. Jim O'Brien — c'est le nom de l'homme qui l'a louée — désirait l'essayer. Il est venu nous trouver à l'heure de la fermeture et nous a longuement parlé des possibilités de lancer notre modèle sur le marché. Cela nous a intéressés, comme vous pouvez le penser, et nous lui avons confié l'échelle.

— Savez-vous où habite ce Jim O'Brien? »

Le visage de White se rembrunit.

« Mon patron et moi, nous nous sommes laissé jeter de la poudre aux yeux. Nous avons retrouvé l'échelle ce matin, derrière le magasin. Alors, voulant en avoir le cœur net, mon patron a téléphoné à l'hôtel où demeurait ce Jim. On lui a appris qu'il avait disparu sans régler sa note.

— Voilà qui m'intéresse, dit Alice. Pourriez-vous me décrire cet homme?

— Taille moyenne, cheveux bruns assez clairsemés, mince et plutôt sec, débita Cedric tout d'une traite.

— N'avait-il aucun signe distinctif qui permettrait de l'identifier? »

Cedric réfléchit un moment, puis répondit :

« Pendant qu'il parlait, il ne cessait de pianoter sur le bureau de mon patron, ensuite il levait les deux index et les croisait. Drôle de tic, vous ne croyez pas? »

Alice acquiesça. Après avoir remercié le laveur de vitres d'avoir si gentiment répondu à ses questions, elle rejoignit son père.

« J'ai un précieux indice concernant notre voleur », annonça-t-elle, tout heureuse.

Et elle résuma son entretien avec Cedric White.

M. Roy demanda la permission de se servir du téléphone et appela le commissariat de police. Ce fut M. Stevenson, le commissaire principal, qui lui répondit. M. Roy lui communiqua le renseignement recueilli.

Puis Alice et son père regagnèrent le bureau de M. Roy. Pendant quelques minutes, ils discutèrent des différents problèmes qui se posaient à eux : Kaluakua et son secret, les prétentions justifiées ou non des Chatley, le vol, le voyage en perspective.

Soudain, Alice se mit à rire.

« A propos, papa, il y a une chose que je ne t'avais pas encore dite. Bess, Marion et moi, nous avons des amis qui ont projeté de se rendre à Honolulu dès la fin de l'année scolaire. Ils partent avec un groupe d'étudiants. »

M. Roy sourit.

« Bien entendu, il s'agit de vos inséparables compagnons d'aventures et... de soirées : Daniel Evans, Bob Eddleton et Ned Nickerson.

— Ce n'était pas difficile à deviner, répondit Alice avec bonne humeur. Ne penses-tu pas que ce sera merveilleux et très pratique d'avoir toute une escouade de détectives pour nous aider à élucider le mystère de Kaluakua! »

CHAPITRE III

ÉTRANGES SYMBOLES

M. Roy observa sa fille un moment avant de dire : « Je serai beaucoup plus rassuré de vous savoir sous la protection de ces garçons. Car cette affaire m'inquiète un peu. Ainsi entourée, tu ne risqueras pas grand-chose à Kaluakua.

— Je vais tout de suite téléphoner à Bess et à Marion, dit Alice. A bientôt, papa. »

Elle embrassa son père et sortit. Par malchance, ni Bess ni Marion n'étaient chez elles. Alice fut très déçue : comment garder plus longtemps pour soi des nouvelles aussi merveilleuses?

« Bah! j'essaierai de les appeler d'ici une heure », décida-t-elle.

Incapable de rester inactive, la jeune fille se rendit à la bibliothèque municipale, pour consulter des ouvrages susceptibles de lui fournir la signification des symboles polynésiens que Nikkio Sakamaki avait envoyés à son petit-fils. En dépit de toute sa complaisance, Mlle Taylor, la bibliothécaire, ne put éclairer Alice. Difficile rébus en vérité!

« Il y a quelqu'un qui pourrait vous expliquer ces symboles, dit soudain Mlle Taylor. C'est le professeur Wharcox. C'est un éminent linguiste qui fait autorité en matière d'hiéroglyphes et autres écritures anciennes.

— Oh! merci beaucoup. Savez-vous où il habite?

— Attendez un moment. »

Mlle Taylor ouvrit un tiroir, chercha parmi des fiches, en sortit une qu'elle tendit à Alice.

« Tenez, voilà. Il demeure dans cette nouvelle résidence de River City que l'on a baptisée : *Les Roses*. Je ne connais malheureusement pas l'adresse exacte.

— Oh! je la trouverai, ne vous inquiétez pas, dit Alice. Merci beaucoup, mademoiselle. »

La jeune fille retourna chez elle et en repartit presque aussitôt dans son cabriolet pour se rendre à la résidence des Roses. Alice demanda l'adresse du professeur Wharcox. La gardienne lui répondit qu'il habitait 10, rue Hilltop. Peu après la jeune fille s'arrêtait devant une coquette maison. Elle monta l'allée qui menait au perron et souleva le lourd heurtoir fixé à la porte d'entrée.

Au bout d'un moment un homme grand, d'apparence frêle, aux yeux bleus lumineux et à la belle chevelure blanche, lui ouvrit.

« Le professeur Wharcox? » demanda Alice.

L'homme inclina la tête et la pria d'entrer. Alice se présenta et expliqua la raison de sa visite. Le professeur l'introduisit au salon où sa femme l'accueillit avec amabilité.

« Je serai enchanté de vous aider », dit le professeur en prenant le papier que la jeune fille lui tendait et sur lequel étaient tracés les fameux symboles.

« Ah! je vois, reprit-il après l'avoir examiné. Ces symboles sont très anciens. Le premier représente l'eau, le second le sommeil ou la mort.

— « Eau, sommeil ou mort », répéta Alice, songeuse. Ce renseignement m'est précieux, merci beaucoup, monsieur, et pardonnez-moi de vous avoir dérangé. »

Elle prit congé du professeur et de sa femme et, incapable d'attendre le soir pour mettre son père au courant de cette découverte, elle retourna au bureau. A sa grande joie, elle y retrouva M. Sakamaki.

A la vue de sa fille, M. Roy éclata de rire.

« Cher monsieur, dit-il en s'adressant à son client, je peux d'ores et déjà vous annoncer qu'Alice a résolu au moins une partie du problème.

— C'est impossible! » fit l'Hawaïen, stupéfait.

Alice raconta aussitôt comment elle avait appris la signification des symboles polynésiens.

« Avez-vous une idée de ce que votre grand-père voulait dire par ces mots : eau et sommeil ou mort? » demanda-t-elle.

M. Sakamaki secoua la tête.

« Non, je ne devine pas. Puisque mon grand-père m'a dit de ne pas vendre Kaluakua avant d'avoir découvert son secret, il est possible que ce secret soit enfermé dans le Pavillon d'Or, car il est bâti près de l'eau. En ce qui concerne le symbole du sommeil ou de la mort, je ne vois aucune explication plausible.

— Quelqu'un qui aurait été cher à votre grand-père ne dormirait-il pas de son dernier sommeil sous le pavement de ce petit temple? » suggéra Alice.

Au bout d'un moment de silence, M. Sakamaki répondit par la négative, puis il changea de sujet de conversation.

« Je viens de recevoir une lettre de mon régisseur, Kiyabu. Il me raconte que la nuit précédente, au crépuscule, une jeune indigène d'allure mystérieuse a été vue dans le Pavillon d'Or. On aurait dit un fantôme dansant le tamouré. Kiyabu et sa femme se sont approchés doucement dans l'intention de l'interpeller. Comme ils atteignaient le temple, la silhouette parut se dissoudre dans le néant.

— Un fantôme! s'exclama Alice, très excitée.

— Cela en a tout l'air, répondit M. Sakamaki. Cependant, j'ai un point de vue différent sur cette affaire et je pense qu'une ou plusieurs personnes ont pu organiser une mise en scène afin de semer la panique.

— Pourquoi se donneraient-ils cette peine? » fit Alice.

L'Hawaïen ne put répondre à cette question. Peut-être avait-il des ennemis inconnus qui, ayant entendu parler du secret de Kaluakua, cherchaient à le découvrir avant lui?

« Alice, dit M. Sakamaki avec une expression soucieuse, je crains que vous n'alliez au-devant de *pilikia.*

— *Pilikia?* s'étonna Alice.

— De graves ennuis, traduisit M. Sakamaki. Je vous supplie de réfléchir encore avant de vous décider.

— Les nouvelles que vous venez de nous communiquer me donnent plus que jamais envie d'élucider le mystère de Kaluakua », répliqua Alice.

L'Hawaïen sourit et se leva.

« Tous mes vœux vous accompagnent, vous et vos amis. »

Après le départ de M. Sakamaki, Alice appela de nouveau Bess et Marion. Cette fois elles étaient chez elles. La jeune fille les invita à venir la retrouver dans un quart d'heure.

« Une nouvelle aventure passionnante vous attend », annonça-t-elle en raccrochant. Puis elle rentra à la maison.

Les deux cousines arrivèrent en même temps qu'Alice. Bess, blonde, rondelette, le teint rose et frais, se précipita vers elle.

« Est-ce une aventure simplement amusante ou terrifiante? La peur va-t-elle faire dresser nos cheveux sur nos têtes, trembler nos jambes, blêmir nos joues? » demanda-t-elle d'une voix sépulcrale.

Marion éclata de rire et déclara :

« Peu importe. Je suis prête à tout. »

Grande et mince, elle avait les cheveux coupés très court et l'allure sportive. A côté de sa timide cousine, elle semblait très décidée.

Alice les fit entrer au salon et appela Sarah. Quand elles furent toutes assises, elle les mit au courant de son projet.

« Quel rêve! s'écria Bess. Aller à Honolulu! L'ennui, c'est que cette expédition ne me paraît pas de tout repos.

— Hurrah! fit Marion. Pourvu que nos parents nous autorisent à t'accompagner. »

Sarah souriait, tout épanouie.

« Enfin, ma chérie, je vais pouvoir veiller sur toi

pendant que tu te livres à ton occupation favorite : élucider des mystères. »

Les trois jeunes filles se mirent à rire.

« Je peux vous fournir quelques renseignements sur Hawaï, dit Marion. En fait, ce petit archipel comporte sept îles principales, toutes habitées. Honolulu en est la capitale; elle se trouve dans l'île Oahu. La population se compose d'Hawaïens pur sang, de métis, de Blancs et d'Orientaux. C'est aux Hawaï que l'on rencontre les plus beaux types humains. »

Bess fit une grimace à sa cousine.

« Tu viens certainement de lire un article sur le sujet, plaisanta-t-elle. Maintenant, je vais téléphoner chez moi et demander la permission de mes parents. »

M. et Mme Taylor consentirent sans difficulté à la laisser partir avec Alice. Ensuite Marion téléphona à ses parents qui firent la même réponse.

Comme Marion annonçait cette bonne nouvelle à ses amies, Bess poussa un petit cri.

« Mais les garçons partent, eux aussi, pour les Hawaï, dit-elle. L'aviez-vous oublié?

— C'est vrai, répondit Marion. Quelle chance! »

Alice décida de téléphoner sans attendre à l'université d'Emerson où Ned, Daniel et Bob poursuivaient leurs études. Le temps pressait, car ils prenaient l'avion dans la nuit. Elle demanda à parler à Ned Nickerson.

En apprenant que les jeunes filles se rendaient elles aussi aux îles Hawaï, il poussa un sonore « Youpi! ».

« Alice, c'est magnifique! Quelle joie de vous retrouver là-bas! Nous partons dans quelques heures. Première étape en Californie puis, de là, nous prendrons l'avion à destination d'Honolulu. Aussitôt que

vous serez à Kaluakua, nous irons vous voir. Entre-
temps vous pourrez toujours nous joindre à l'hôtel
Halekulani. Dépêchez-vous d'arriver!

— Il est situé sur la plage de Waikiki, n'est-ce pas?
demanda Alice.

— Oui. Et dépêchez-vous d'arriver! »

Ned promit de prévenir Bob et Daniel sans tarder et dit au revoir à Alice.

La jeune fille vint se rasseoir auprès de Sarah
et des deux cousines.

« Papa s'occupe de nous réserver des places, dit-
elle. Il se peut qu'il réussisse à nous en obtenir
assez vite, aussi ferions-nous bien de préparer nos
valises. »

Bess et Marion partirent aussitôt; Alice et Sarah
se mirent à trier les vêtements et autres affaires
qu'elles désiraient emporter.

Le lendemain matin, alors qu'elle prenait le petit
déjeuner en compagnie de son père et de Sarah,
Alice entendit la sonnerie du téléphone. Elle courut
répondre. Quelle ne fut pas sa surprise quand elle
apprit qui était son interlocuteur!

« Ici, Cedric White. J'ai quelque chose d'important à vous dire, mademoiselle. Je préférerais ne
pas m'expliquer au téléphone de crainte qu'on ne
nous entende. Je vais laver des vitres au numéro 37
de la rue Maple. Pourriez-vous m'y rejoindre? »

Alice promit de s'y rendre sans tarder. Elle termina
rapidement son petit déjeuner et se mit en route.
En chemin elle rencontra Marion qui allait en ville
s'acheter un costume de bain.

« Accompagne-moi d'abord », demanda Alice.

Et elle lui raconta la conversation qu'elle venait
d'avoir avec Cedric.

« Entendu, je viens avec toi », dit Marion.

Dix minutes plus tard, elles parvenaient à l'adresse indiquée. De hauts buissons cachaient une partie de la façade. Elles virent une échelle appuyée à hauteur du premier étage. Debout sur l'un des échelons, Cedric nettoyait une fenêtre.

Comme Alice s'apprêtait à le héler, l'échelle commença d'osciller. L'instant d'après, elle s'écartait de la façade.

Cedric White avait empoigné le rebord de la fenêtre et s'y accrochait désespérément, les jambes pendant dans le vide.

« Au secours! » hurla-t-il.

Alice aperçut un homme dissimulé dans les buissons. Il tenait l'échelle. Soudain, il la laissa tomber et elle s'abattit à terre. L'inconnu se mit à courir et disparut.

CHAPITRE IV

UNE POURSUITE ACHARNÉE

UNE BRÈVE SECONDE, le regard des jeunes filles resta
rivé au rebord de la fenêtre où Cedric White
cherchait à reprendre pied, tandis que le coupable
s'enfuyait à vive allure.

« Alice, cours après cet homme! dit Marion. Moi
je vais aider Cedric. »

Sans plus hésiter, Alice s'élança. Le laveur de
vitres continuait à appeler au secours. La propriétaire de la maison l'entendit, ouvrit la fenêtre et
saisit les mains du malheureux; Marion redressa

l'échelle. Cedric réussit à poser les pieds sur un des échelons. Il reprit péniblement son souffle et put enfin remercier Marion et la propriétaire de l'avoir sauvé. Cette dernière voulut savoir ce qui s'était passé.

Marion le lui expliqua et ajouta :

« J'espère que mon amie Alice Roy va rattraper cet homme. Vous auriez pu vous tuer, Cedric! »

Pendant ce temps, Alice poursuivait le fuyard à travers jardins et rues. Elle s'efforçait de ne pas le perdre de vue. Comme elle parvenait à un croisement, elle vit approcher une voiture de police. Alice agita les bras. La voiture accéléra et s'arrêta.

« Je vous en prie, suivez-moi vite! Je veux rattraper un homme qui a tenté d'en tuer un autre. »

Le policier qui se trouvait à côté du conducteur réagit vivement; sautant à terre il courut derrière Alice.

Ils faillirent perdre l'homme au détour d'une rue. Puis ils le repérèrent de nouveau, accélérèrent l'allure et réussirent à l'acculer au moment où il s'apprêtait à escalader une haute barrière.

Le policier l'envoya à terre sans douceur et l'empoigna par un bras.

« Que me voulez-vous? » demanda l'homme.

Il était jeune. Son visage maussade, à l'expression rusée, était surmonté d'une touffe de cheveux noirs dont une mèche retombait sur son front bas.

« Je n'ai rien fait de mal », ajouta-t-il.

Sans prêter attention à ces paroles, le policier s'adressa à Alice.

« C'est un fauteur de troubles bien connu de mes camarades et de moi-même, dit-il. Il est le chef des Tigres Verts, une bande de malfaiteurs. Allons! Pas d'histoire, Jack. Nous allons te ramener à l'endroit où tu as fait tomber l'échelle au haut de laquelle était juché un laveur de vitres. Bel exploit! Tu peux être fier! »

Le malfaiteur le regarda avec surprise. De toute évidence, il était persuadé que nul ne l'avait vu commettre son méfait. Confondu, il passa sans difficulté aux aveux.

Alice marchant en tête, l'officier de police amena Jack jusqu'au 37 de la rue Maple. Cedric bavardait avec Marion et la propriétaire de la maison. Il lança un regard noir au prisonnier.

« Ainsi c'est toi qui m'as joué ce sale tour! Peut-on savoir pourquoi? Je ne te connais même pas!

— L'idée n'est pas de moi, grogna Jack. Un homme est venu me trouver, et il m'a ordonné de te tenir à l'œil et de te mener la vie dure.

— Ce n'était pas une raison pour essayer de me tuer! cria Cedric, furieux. Qui était cet homme?

— Je ne connais pas son nom. Il a dit qu'il allait quitter la ville, mais qu'un de ses amis me surveillerait de près. Si je n'exécutais pas ses ordres, il ferait en sorte que j'aie des ennuis avec la police.

— A quoi ressemblait cet homme? demanda Alice.

— Bah! Il était de taille moyenne, mince, brun, et il n'avait pas beaucoup de cheveux sur le caillou. »

La jeune fille se dit que la description correspondait exactement à celle de Jim O'Brien.

« Où avez-vous fait sa connaissance? reprit-elle.

— Dans un café. Je buvais un verre au comptoir quand il s'est approché de moi.

— Avez-vous remarqué quelque chose de particulier dans ses gestes? » poursuivit Alice.

Jack réfléchit un moment.

« Maintenant que vous m'y faites penser, répondit-il, je le revois pianotant sur la table puis levant deux doigts et les croisant; cela m'a paru bizarre. »

Alice se tourna vers le policier.

« Je crois que cet inconnu s'appelle Jim O'Brien et que c'est lui qui s'est introduit chez nous. »

A cette nouvelle, Jack ouvrit de grands yeux.

« Vous êtes Alice Roy! C'est à cause de vous que Cedric a des ennuis. Il a trop bavardé avec vous. On le surveillait.

— Oui, je suis Alice Roy. Que pouvez-vous nous apprendre d'autre sur ce Jim O'Brien? »

Avant de répondre, le jeune voyou voulut savoir si les juges se montreraient plus cléments dans le cas où il parlerait. Le policier précisa que la décision ne lui appartenait pas, mais que Jack avait avantage, de toute façon, à dire la vérité.

« Eh bien, celui que vous appelez O'Brien s'est vanté un peu partout d'être à la tête d'une bande bien organisée. »

Alice s'adressa ensuite au laveur de vitres. Elle voulait savoir s'il connaissait Jack. Cedric s'en défendit et ajouta non sans hauteur :

« Je suis un honnête homme et je n'admets pas que l'on me soupçonne d'entretenir des relations avec des malfaiteurs. Je travaille et m'occupe de ma femme et de mes enfants. Je n'ai rien de commun avec des voyous. »

Cedric ajouta qu'il avait reçu un coup de téléphone assez mystérieux la veille au soir.

« La voix de mon interlocuteur ressemblait à celle de l'homme qui avait loué l'échelle. Il m'a dit qu'il allait me punir d'avoir parlé de cette location à Mlle Roy. Je me suis empressé de vous appeler ce matin et de vous demander de venir ici. Je voulais vous prévenir, car je craignais que vous ne couriez un danger.

— Je vous remercie beaucoup, dit Alice avec un sourire. Mais, je vous en prie, Cedric, ne commettez pas d'imprudences. »

Le policier emmena Jack. Alice et Marion firent quelques pas ensemble avant de se séparer au prochain carrefour.

En arrivant chez elle, Alice vit Sarah occupée à remettre en place une énorme valise. La gouvernante poussa un soupir.

« Impossible d'emporter tout cela. Nous aurions un supplément terrible à payer. »

Puis elle demanda :

« Que voulait donc te dire le laveur de vitres? »

Alice lui raconta l'incident. Quand elle eut achevé son récit, Sarah prit une expression angoissée.

« Oh! Alice, un danger te menace! Ne serait-il pas possible d'aller à Honolulu sans être accompagnées par une bande de repris de justice ou autres gens de même acabit? »

Alice serra tendrement Sarah dans ses bras.

« Ne te tourmente pas déjà, dit-elle. Quant à moi, il serait temps que je m'inquiète de mes bagages. »

La jeune fille monta à sa chambre, ouvrit la porte de sa garde-robe et entreprit de choisir parmi ses vêtements ceux qu'elle voulait emporter.

Tout en s'affairant, elle réfléchissait à la mission que l'Hawaïen lui avait confiée.

« J'ai envie d'inviter M. et Mme Sakamaki à dîner ce soir, se dit-elle. Ils doivent connaître de nombreuses légendes polynésiennes. Peut-être se souviendront-ils d'une qui a trait à l'eau, au sommeil ou à la mort. »

Elle courut téléphoner à son père pour lui en demander la permission — aussitôt accordée — puis aux Sakamaki. Ils acceptèrent avec plaisir et, très ponctuels, arrivèrent à sept heures et demie.

Après un délicieux repas, tout le monde passa au salon, et Alice mit la conversation sur le sujet qui l'intéressait.

« Il est possible que la légende de Pélée, la déesse du Volcan, vous éclaire. Selon les habitants des Hawaï, Pélée dort presque constamment et ne se réveille qu'à de longs intervalles pour enfanter un volcan. Jadis, elle était très active. Il y a de cela quelque dix mille ans, elle tenta de s'installer à demeure sur l'île Oahu et, à partir d'une grande fissure qu'elle creusa dans la chaîne de Koolau, elle éleva deux sommets montagneux, Kiko Head et Koko Crater. Puis, dit la légende, la déesse pleinement satisfaite de son œuvre s'endormit sur l'île et y dort encore.

« Toutefois, selon d'autres versions, elle dormirait dans le cratère de Kilauea, sur l'île Hawaï; de temps à autre elle se réveille et déchaîne sa fureur à Mauna Loa. »

N'ayant plus rien à dire sur cette légende, M. Sakamaki pria M. Roy d'allumer la télévision parce qu'il désirait écouter les prévisions météorologiques pour la journée du lendemain.

Alice tourna le bouton et régla la tonalité. L'émission venait de se terminer lorsque le présentateur apparut et transmit une nouvelle qui fit pâlir les Roy.

« Nous venons d'apprendre qu'un avion serait en difficulté au-dessus du Pacifique. Il transporterait un groupe d'étudiants appartenant à l'université d'Emerson. »

« Oh! papa! gémit Alice. C'est celui dans lequel Ned, Daniel et Bob ont pris place! »

CHAPITRE V

QUE DE SOUCIS!

ALICE RESTAIT PÉTRIFIÉE par cette terrible nouvelle. L'appareil qui transportait ses amis était en danger. Bien que très inquiet lui-même, M. Roy s'efforça de la rassurer : les journalistes exagéraient; que de fois on avait cru perdus des avions qui avaient simplement été un peu secoués par des rafales! Comme les minutes s'écoulaient, l'avocat fut obligé de convenir que les nouvelles étaient décourageantes.

M. et Mme Sakamaki prirent congé non sans avoir exprimé le vœu que l'avion atterrisse bientôt avec tous ses passagers sains et saufs.

Alice, Sarah et M. Roy décidèrent de mettre la radio pour écouter les bulletins d'information, plus fréquents qu'à la télévision.

Soudain des pas se firent entendre sur le perron, et la sonnette tinta. Alice se précipita à la porte d'entrée.

« Bess! Marion! s'écria-t-elle en ouvrant la porte.

— Oh! Alice, as-tu entendu la radio? » demanda Bess, dont la voix tremblait.

Alice inclina la tête en silence et introduisit ses amies au salon. Bess et Marion bavardèrent un moment avec M. Roy et avec Sarah, puis elles s'assirent pour regarder la télévision. Heure après heure leur espoir diminuait. A l'aube, M. Roy voulut que les jeunes filles aillent se coucher.

« Je serai incapable de dormir, dit Alice.

— Moi aussi », reprirent Marion et Bess à l'unisson.

A ce moment, le présentateur de la radio dit :

« Nous interrompons le programme afin de vous transmettre la bonne nouvelle que nous apprenons à l'instant : l'avion qui transportait des étudiants de l'université d'Emerson a atterri sans dommage à l'aéroport de Los Angeles. Aucun blessé. »

« Hourrah! s'écria Marion.

— N'est-ce pas un miracle? » dit Alice.

Bess, elle, ne put prononcer un mot. Des larmes coulaient de ses yeux. Sarah courut à la cuisine où elle prépara du chocolat chaud et des toasts beurrés.

« Et maintenant, au lit! dit Alice en bâillant et en reposant sa tasse vide sur le plateau. Bess et Marion, couchez donc ici.

— Inutile de m'en prier deux fois », répondit Marion, visiblement très fatiguée.

Elle téléphona chez elle pour prévenir ses parents. Bess avertit également sa famille.

Tandis que les trois amies se déshabillaient, Bess fixait les yeux sur un point dans le vide et restait silencieuse. Alice voulut savoir ce qui la tourmentait.

« Tu vas te moquer de moi, répondit Bess, l'air malheureux. Mais ce qui vient d'arriver aux garçons ne m'incite guère à vous suivre à Honolulu.

— Je suis sûre que tu verras les choses autrement après quelques heures de sommeil. Tu es épuisée par l'émotion. »

Alice ne s'était pas trompée. Quand Bess se réveilla, peu avant midi, elle rit de ses propres craintes.

« Je ne voudrais manquer ce voyage pour rien au monde », déclara-t-elle.

Les deux cousines déjeunèrent rapidement et partirent. Alice décida d'aller faire quelques achats en ville. Comme elle sortait de chez elle, le téléphone sonna. C'était le commissaire Stevenson.

« Pourriez-vous passer à mon bureau? demanda-t-il. J'ai des renseignements intéressants à vous communiquer.

— J'arrive tout de suite », répondit la jeune fille, intriguée.

Quand elle arriva au commissariat, M. Stevenson lui apprit que ses inspecteurs avaient découvert des indices d'après lesquels l'homme qui s'était introduit chez les Roy appartiendrait à une bande internationale de malfaiteurs.

« Nous ne connaissons actuellement aucun de ses membres, poursuivit le commissaire. Ils se seraient donné le nom de Double Scorps.

— Scorps? répéta Alice. Qu'est-ce que cela veut dire?

— C'est une abréviation pour scorpions. Nous

avons découvert qu'ils travaillaient toujours par deux et qu'ils ne reculaient devant rien. »

Il ouvrit une sorte de grand registre posé sur son bureau.

« Bien des vols restent encore inexpliqués. Tous sont notés ici. L'un d'eux, en particulier, nous laisse perplexes. C'est celui d'une bague chinoise très ancienne et de grande valeur. Elle a été dérobée chez M. Homer Milbank. »

M. Stevenson leva la tête et sourit à Alice.

« Je me disais que vous pourriez peut-être nous aider », dit-il.

Alice leva les sourcils.

« Moi? Ne vous ai-je pas dit que je partais pour Honolulu?

— C'est à cause de cela, répondit M. Stevenson. M. Milbank avait acheté cette bague à Honolulu.

Qui nous dit qu'on ne l'y a pas rapportée? En tout cas, l'enquête menée jusqu'ici semble s'orienter vers les Double Scorps.

— Ah! je comprends, dit Alice. Pourriez-vous me décrire la bague? »

D'un dossier, le commissaire sortit la photocopie d'une esquisse grossière du bijou, dessinée par M. Milbank. Alice l'examina quelques secondes. Tout à coup, elle se pencha, très excitée.

« Sur les quatre symboles qui ornent cette bague, j'en connais deux. Ils ne sont pas chinois mais polynésiens. Celui-ci, dit-elle en indiquant l'un d'eux, représente l'eau, cet autre le sommeil ou la mort. »

Ce fut au tour du commissaire d'être étonné.

« Je savais bien que je frappais à la bonne porte, plaisanta-t-il. Je parie que d'ici quelques heures vous allez me donner la signification des deux autres symboles.

— C'est possible, répondit Alice sans se décontenancer. Je vais même essayer d'être plus rapide encore. »

Laissant le commissaire déconcerté, Alice regagna sa voiture et se rendit chez le professeur Wharcox à qui elle montra le dessin.

Après l'avoir étudié un moment, il déclara :

« Ces symboles sont d'origine polynésienne; ils ont été gravés dans les îles Hawaï et représentent la femme et la tapa. La tapa est un tissu fait avec l'écorce d'un mûrier qui pousse sur les îles. »

Alice retourna au commissariat et répéta à M. Stevenson ce qu'elle venait d'apprendre.

Ils discutèrent ensemble pendant quelques minutes; un point leur paraissait curieux : le voleur n'avait pris que cette bague chez les Milbank, il n'avait touché à rien d'autre. Or, ce n'étaient pas les objets précieux qui manquaient!

Tandis qu'elle regagnait sa maison, une pensée traversa l'esprit d'Alice. Qui prendrait soin de son chien Togo durant leur absence à tous trois : Sarah, son père et elle-même?

« Je vais l'emmener dans un chenil à la campagne. J'en connais un où il sera aussi heureux que possible », décida-t-elle.

Sur la table du vestibule d'entrée, Alice trouva un mot de son père l'avertissant qu'il avait retenu des places à bord d'un avion partant le surlendemain. Le temps pressait, mieux valait régler le sort de Togo. Aussitôt elle l'appela. Ne le voyant pas accourir, elle demanda à Sarah où était le petit terrier.

« Je n'en sais rien », répondit celle-ci.

Elles sortirent de la maison, parcoururent le jardin en sifflant et en appelant Togo. Il ne parut pas.

« Il ne s'éloigne jamais d'ici! dit Alice stupéfaite.

— En effet! répondit Sarah. Je ne comprends pas ce qui a pu se passer. »

Elles se regardèrent, consternées. Pourvu que Togo n'ait pas été victime d'un accident!

CHAPITRE VI

UNE TRISTE SOIRÉE

« SARAH, quand est-il parti? demanda Alice.
— Il y a environ une heure. Je l'ai entendu
aboyer pour demander de sortir et je lui ai ouvert la
porte. »

Vite, Alice rentra et téléphona à la fourrière.

« Il est possible que Togo ait été attiré hors du
jardin et qu'il ait été ramassé », se disait-elle.

Mais, quand elle eut fait une description détaillée
du petit terrier, on lui répondit que son chien n'était
pas à la fourrière. Cela ne fit qu'augmenter son
inquiétude. Le cœur lourd, elle rejoignit Sarah et lui
communiqua la réponse.

« Je vais faire le tour de nos voisins et leur demander s'ils n'auraient pas vu Togo », dit-elle.

Alice alla de maison en maison. Elle n'obtint que
des réponses négatives. Enfin, un petit garçon lui
fournit un renseignement précieux.

« Oui, je l'ai vu, votre chien, dit-il. Il est parti en
auto.

— En auto? Dans quelle auto?

— Je ne sais pas, répondit l'enfant. Elle s'est arrê-
tée devant chez vous, juste comme je passais à bicy-
clette. Un homme est descendu et il a appelé Togo.
Le chien se promenait sur votre pelouse. L'homme
lui a tendu un os, et il est accouru à toute vitesse.
Alors l'homme l'a pris et l'a emporté jusqu'à sa voiture. »

Alice n'en revenait pas d'étonnement. Un voleur de
chiens! Voilà qui était plutôt rare! Elle demanda au
petit garçon à quoi l'homme ressemblait. Malheureusement, l'enfant n'avait pas prêté attention au visage
du voleur.

« A-t-il volé Togo? demanda le petit, très excité à
cette idée.

— Je le crains », répondit tristement Alice.

A pas lents, elle rejoignit Sarah.

« J'ai peur que ce ne soit un membre des Double
Scorps qui se soit emparé de Togo, lui dit-elle. Peut-
être l'a-t-il fait dans l'intention de nous empêcher
d'entreprendre ce voyage — ou, au moins, de le
retarder. »

Alice fut très occupée le reste de l'après-midi : elle
poursuivit son enquête et informa le commissaire de
police de ce nouvel incident. Quand vint le soir, elle
ignorait toujours ce qu'il était advenu de son chien.

Cette nuit-là, elle dormit peu. Elle était très atta-
chée à Togo, qui le lui rendait bien, et l'idée de l'avoir

perdu à jamais la rendait malheureuse. Soudain, elle s'assit sur son lit. Etait-elle le jouet de son imagination ou avait-elle entendu gémir et gratter à la porte d'entrée?

Elle saisit sa robe de chambre, et descendit quatre à quatre les marches de l'escalier. Parvenue en bas, elle courut à la porte de la cuisine qu'elle ouvrit. Togo se rua dans ses bras et se mit à la lécher frénétiquement.

« Oh! Togo, mon chien! Te voilà revenu, méchant! murmurait Alice en le serrant contre elle et en le caressant. Comme je voudrais que tu puisses parler et me raconter ce qui t'est arrivé. Ne t'inquiète pas. Peu importe. Tu es revenu. »

Elle constata que le chien avait perdu son collier.

« Tu t'es échappé, n'est-ce pas? Tu ne voulais pas rester avec ce voleur! » dit-elle.

Togo aboya et lui lécha de nouveau la figure. Elle le posa à terre, et il courut vers le bol et l'assiette qui lui étaient réservés dans un coin de la cuisine. Quand il eut fini de manger, Alice le reprit dans ses bras et le monta dans sa chambre.

Il se roula en boule sur une chaisse basse. Alice se recoucha et s'endormit instantanément.

Le lendemain, elle se réveilla de bonne heure et, quand elle descendit portant son chien, son père et Sarah poussèrent un cri de surprise. Alice leur raconta ce qui s'était passé.

Après le petit déjeuner, Alice aida Sarah à laver la vaisselle, puis elle monta en voiture avec Togo qu'elle voulait conduire au chenil. Sur le chemin de retour, elle s'arrêta chez M. et Mme Sakamaki pour leur annoncer qu'elle s'envolait le lendemain vers les îles Hawaï.

Comme elle s'approchait du perron, elle entendit

les notes d'une guitare. Se guidant au son, elle arriva devant un jardin d'hiver. Par la fenêtre, elle aperçut M. Sakamaki. Habillé d'une chemise à ramages, un collier d'orchidées autour du cou, il pinçait les cordes d'une grande guitare. Vêtue d'un moumou hawaïen, ample et longue robe brodée, sa femme se mouvait gracieusement au rythme d'un hula-hula.

Alice hésita. Devait-elle les interrompre ou revenir plus tard? La décision fut prise pour elle. La porte s'ouvrit; Mme Sakamaki apparut sur le seuil et l'invita à entrer. Elle l'avait aperçue par la fenêtre.

— Nous nous exercions comme chaque matin, dit-elle. Nous sommes ravis de vous voir. Peut-être aimeriez-vous apprendre à danser le hula-hula? »

M. Sakamaki approuva la proposition de sa

femme. Puisque Alice se rendait aux îles Hawaï, il fallait qu'elle en apprenne les danses.

« Cela me plairait beaucoup, dit Alice. Mais, je crains de paraître très gauche.

— Vous êtes la grâce même, Alice! se récria Mme Sakamaki.

— Avant de commencer la leçon, intervint son mari, notre visiteuse a peut-être quelque chose à nous dire? »

Alice leur apprit que ses amies et elle-même partaient le lendemain. Elle raconta ensuite la mésaventure dont Togo avait été victime et ses soupçons : en enlevant son chien, n'avait-on pas voulu l'empêcher d'entreprendre ce voyage?

« C'est bien possible. Le coupable cherche à vous tenir éloignée de Kaluakua, dit M. Sakamaki. Soyez sur vos gardes là-bas! »

Mme Sakamaki introduisit Alice dans le jardin d'hiver, et son mari reprit la guitare. En attendant que la leçon commençât, Alice jeta un regard autour d'elle.

Partout ce n'étaient qu'objets chinois. Au centre de la pièce, une petite table basse supportait un ravissant service à thé en porcelaine. Non loin, sur une étagère de bois de teck, était exposée une très belle pirogue à balancier. Façonnée à la main, protégée par un auvent de tapa, elle était assez grande. M. Sakamaki surprit l'expression admirative d'Alice.

« C'est une pièce très ancienne, dit-il. J'y tiens beaucoup. »

Alice songea qu'il allait être bien difficile d'apprendre à danser sans heurter au passage un de ces objets d'art.

M. Sakamaki se mit à jouer une jolie mélodie hawaïenne. Alice observa le mouvement des pieds de Mme Sakamaki et, bientôt, les imita. Elle apprit à balancer le corps, à lever et abaisser les bras et la tête.

« Vous devez exprimer certains sentiments avec les mains et les doigts, expliqua Mme Sakamaki à son élève. Par exemple, tendez les mains en avant comme pour offrir un présent. Mais faites-le en vous balançant légèrement. »

La leçon se poursuivit près d'une heure. M. et Mme Sakamaki félicitèrent Alice de ses progrès. Ils lui dirent qu'avec un peu d'exercice et le costume approprié, elle ne détonnerait pas dans un groupe de danseurs hawaïens.

Inutile de dire qu'Alice était aux anges. Dans son désir d'exprimer diverses idées avec les bras et les mains, elle oublia les dimensions restreintes de la pièce et ses nombreux objets d'art. D'un geste ample, elle balaya l'ancienne pirogue à balancier qui glissa de l'étagère.

La jeune fille se précipita pour l'empêcher de tomber sur le service à thé. Elle réussit à l'en détourner, mais ne put l'empêcher de s'écraser sur le sol.

« Oh! Seigneur! » s'exclama-t-elle, désolée.

Elle se baissa pour ramasser la maquette.

Hélas! celle-ci était très endommagée. Le balancier était cassé ainsi que les montants de bois qui soutenaient l'auvent.

« Je suis navrée », dit-elle.

M. Sakamaki prit la chose à la légère : la pirogue serait réparée sans difficulté.

Avant de prendre congé de ses hôtes, Alice renouvela ses regrets et offrit de payer la réparation.

« Je vous en prie, n'y pensez plus, dit M. Sakamaki. Je la recollerai sans doute moi-même. »

Alice poussa un soupir.

« Pour me faire pardonner, je travaillerai d'autant plus dur à élucider le mystère de Kaluakua. »

Elle s'apprêtait à quitter la maison lorsque M. Sakamaki dut aller répondre à la sonnerie du téléphone. Entendant le nom de la personne qui l'appelait, il pria Alice d'attendre, écrivit quelques mots sur un papier, raccrocha et, se tournant vers elle :

« C'est la réponse au télégramme que j'ai envoyé à mes amis M. et Mme Armstrong, à Honolulu, dit-il. Ils iront vous accueillir à votre descente d'avion et vous conduiront à Kaluakua.

— Comme c'est gentil à vous de le leur avoir demandé », dit Alice.

L'Hawaïen eut un large sourire.

« Ma femme et moi, nous avons pensé qu'il serait bon que vous connaissiez à Honolulu quelques personnes à qui vous adresser en cas de difficulté. Les Armstrong sont nos meilleurs amis là-bas.

— Nous serons très heureuses de faire leur connaissance. Grâce à eux nous ne nous sentirons pas en terre étrangère. »

Après avoir de nouveau dit au revoir à M. et à Mme Sakamaki, Alice monta en voiture et regagna sa maison. Comme elle freinait devant le perron, elle fut très surprise de constater que Sarah l'attendait avec une visible impatience. A sa pâleur, la jeune fille comprit qu'un malheur venait d'arriver.

« Sarah! Qu'as-tu? demanda-t-elle. Aurais-tu reçu de mauvaises nouvelles?

— Hélas! oui », répondit Sarah.

CHAPITRE VII

ATTAQUÉ PAR SURPRISE

« Ton père a eu un ennui.

— Oh! Il est blessé? » s'écria Alice avec angoisse.

Sarah lui passa un bras compatissant autour des épaules.

« Oui, ma chérie. Il a eu de la chance de ne pas l'être plus grièvement. Un inconnu l'a attaqué dans son bureau.

— Quelle horreur! Raconte-moi tout, insista Alice comme Sarah se taisait.

— Ton père était assis à sa table de travail. Il a entendu la porte s'ouvrir et a cru que sa secrétaire entrait. Ce n'était pas elle, mais un homme masqué, avec un chapeau enfoncé sur les yeux; ce misérable s'est rué sur lui. Ton père a eu beau se débattre, son agresseur lui a asséné un violent coup sur la tête, et il a perdu connaissance. Quand sa secrétaire l'a découvert, il gisait par terre.

— Pauvre papa! Où est-il maintenant? »

Sarah répondit qu'il avait été transporté à l'hôpital. Il lui fallait avant tout du repos.

« Je veux le voir, dit Alice. A quel hôpital l'a-t-on emmené, Sarah?

— A l'hôpital général. »

Alice partit aussitôt. Au bureau de renseignements on lui apprit que son père se trouvait dans la chambre 782. Le cœur battant, elle entra dans l'ascenseur et sortit au troisième étage.

La porte de la chambre 782 était ouverte. M. Roy reposait sur plusieurs oreillers.

« Papa! Oh! mon petit papa! murmura Alice en l'embrassant doucement.

— Ne te tourmente pas, ma chérie, dit l'avocat avec un sourire las. Ce ne sera rien. Le médecin veut procéder à un examen général par mesure de prudence.

— Comme je suis contente! Si tu savais quelle peur j'ai eue! » dit Alice.

Tout en parlant son regard s'attristait à la vue des diverses meurtrissures qui marquaient le visage et le front de son père. Elle eut l'impression que ses yeux brillaient d'un éclat trop vif. Il devait avoir de la fièvre.

« Tu as bien fait de venir, ma chérie, dit l'avocat. Ces petites égratignures vont me contraindre à différer mon départ pour Honolulu, où je comptais passer un ou deux jours.

— Peu importe, répondit vivement Alice. Je ne vais pas partir, moi non plus. Le secret de Kaluakua attendra.

— Non. Ce serait une erreur. Il faut que vous essayiez de résoudre cette affaire sans moi. Mon agresseur a marmonné quelque chose qui, si j'en juge bien, rend nécessaire un prompt départ. Juste avant de perdre conscience, je l'ai entendu grommeler avec rage : « J'espère que cela vous fera rester sur le continent! »

— Ce qui signifie que ton agresseur appartient à la bande des Double Scorps », dit Alice.

Son père approuva de la tête.

« Je regrette de n'avoir pu distinguer ses traits. C'est lorsque j'ai tenté de lui arracher son masque qu'il m'a porté ce coup. Tout ce que je peux te dire, c'est qu'il était vêtu d'un complet de tweed gris. »

L'avocat se tut un moment, puis il reprit :

« Alice, voudrais-tu aller à mon bureau? Le commissaire a été prévenu et il a sans doute envoyé des inspecteurs. »

Alice embrassa son père et partit après lui avoir promis de revenir dans la soirée. Au bureau, elle trouva la secrétaire, Mlle Robertson, dans un état de nervosité extrême.

« Oh! Alice, comment va-t-il? demanda-t-elle aussitôt.

— Pas mal du tout, répondit Alice. J'aimerais que vous me racontiez ce que vous avez vu et entendu. »

Mlle Robertson était arrivée en retard ce matin-là.

« Je me suis donc occupée tout de suite du courrier et, quand je suis allée le porter à votre père, il était étendu, inconscient, sur le sol!

— Vous n'avez donc pas vu son agresseur?

— Non. Il était sans doute parti aussitôt après avoir commis son méfait. »

Alice entra dans le bureau de son père. Elle fut accueillie par deux inspecteurs qu'elle connaissait. L'un d'eux relevait les empreintes digitales sans grand espoir, car, selon lui, l'agresseur n'avait touché ni objct ni meuble. L'autre examinait le tapis à l'aide d'une loupe, s'efforçant de distinguer des empreintes de pieds.

Pendant ce temps, Alice longeait les murs, en quête du moindre indice.

« Puis-je marcher au milieu de la pièce, maintenant? » demanda-t-elle au bout d'un moment.

L'inspecteur l'y autorisa. Elle retourna les coussins des fauteuils, passa la main sur les étagères, les

rebords des fenêtres, souleva les dossiers. Entre deux feuilles de papier, sur le bureau de son père, elle aperçut un petit morceau de tweed gris.

« Tenez, dit-elle très excitée, voilà un indice! »

Elle appela Mlle Robertson et lui demanda si, lorsqu'elle était entrée dans la pièce, des papiers étaient éparpillés sur le plancher.

« Oh! oui, répondit la secrétaire. Il y en avait partout. Je les ai ramassés et je les ai remis sur le bureau de votre père. »

Alice se tourna vers les détectives.

« Ce morceau de tweed provient, je crois, du veston de l'homme qui a attaqué mon père », dit-elle.

Un inspecteur prit le bout de tissu, le glissa dans une enveloppe qu'il enfouit dans sa poche.

« Il est fort possible que cela nous permette d'arrêter le coupable », dit-il.

Alice quitta le bureau et retourna à l'hôpital voir son père. Après lui avoir fait un compte rendu de l'enquête, elle voulut savoir s'il pensait être bientôt en état d'entreprendre le voyage d'Hawaï.

« Je vous rejoindrai d'ici à quelques jours, répondit-il gaiement.

— Mais tu ne vas pas rester seul à la maison! » protesta Alice.

Comprenant que sa fille serait inquiète, il lui promit de s'installer chez des amis en attendant de partir.

Le lendemain matin, M. Taylor conduisit Bess, Marion, Alice et Sarah et toutes leurs valises à l'aéroport.

Il faisait un temps idéal et, moins d'une heure plus tard, les trois amies et Sarah volaient vers la Californie.

La voisine d'Alice, une très belle jeune femme,

engagea la conversation avec les jeunes filles. En apprenant qu'elles se rendaient à Honolulu, elle demanda :

« Vous arrêtez-vous à Los Angeles?

— Oui, répondit Alice. Nous y resterons plusieurs heures et nous prendrons l'avion de nuit pour traverser le Pacifique.

— Si vous n'avez pas de projets, dit la jeune femme, je vous propose une occupation qui vous intéressera sans doute : voir tourner un film. Permettez-moi d'abord de me présenter : Daphné Gordon. Je suis actrice. La société Bramley, avec laquelle j'ai signé un contrat, monte une comédie musicale. On m'a confié le rôle d'une sirène au large de Waikiki. »

Daphné Gordon expliqua ensuite que les scènes d'intérieur seraient réalisées dans le studio.

« Les extérieurs, ajouta-t-elle, seront tournés à Waikiki. »

A sa vive déception, Alice apprit que les cinéastes ne se rendraient que plus tard aux îles Hawaï. Ses amies et elle en seraient déjà reparties.

« Venez donc au studio, dit l'actrice. Je vous obtiendrai des laissez-passer.

— Cela nous ferait grand plaisir », dit Alice.

Longuement, elle scruta du regard sa voisine avant d'ajouter :

« Votre nom d'artiste n'est-il pas Sylvia Montès? »

La jeune femme se mit à rire et fit un signe de tête affirmatif.

« Je vous attends au studio. »

Quand l'avion atterrit à Los Angeles, l'actrice fut accueillie par un jeune homme qui l'emmena aussitôt. Sarah et les trois amies s'assurèrent que leurs bagages étaient transbordés sur l'avion d'Honolulu,

puis Alice télégraphia à Ned l'heure de leur arrivée ainsi que le numéro de vol. Ensuite, elles prirent place toutes les quatre dans un taxi, et Alice donna l'adresse du studio au chauffeur. Au bout de quelques minutes à peine, ayant jeté un regard par la vitre arrière, Bess poussa un cri :

« On nous suit!

— Quelle idée! Comment le savoir dans une pareille circulation? » riposta Marion.

Alice avait pris au sérieux la remarque de Bess et observait les voitures.

« Il se peut que Bess ait raison », dit-elle.

Se penchant en avant, elle communiqua ses soupçons au chauffeur.

« Pourriez-vous semer la voiture noire qui roule juste derrière nous?

— Rien de plus facile », répondit-il avec un large **sourire.**

Il n'eut aucune peine à distancer le ou les pour-
suivants. Après avoir pris plusieurs petites rues, il
s'arrêta devant le studio Bramley. Sylvia Montès
attendait les voyageuses à la porte.

« Venez vite! dit-elle. L'auteur du scénario va
raconter une des légendes qu'il a utilisées pour le
film. Cela promet d'être intéressant. »

Elle les conduisit dans un petit auditorium, leur
fit signe de s'asseoir et les quitta. Debout devant le
metteur en scène et les acteurs installés dans des
fauteuils, un homme jeune parlait :

« Nous ignorons quelles peuvent être la part de
fiction et la part de réalité dans cette légende. Elle
assure que les premiers habitants des îles Hawaï
étaient des Polynésiens venus d'autres îles du Pacifique, principalement de Tahiti. Ils arrivèrent à bord
de grandes pirogues à balancier. Ils abordaient de
préférence à Waikiki Beach. Là ils se laissaient porter par leurs embarcations à fond plat sur les vagues
déferlantes, plutôt que de rechercher des eaux plus
calmes pour débarquer. Vous comprenez donc pourquoi notre choix s'est porté sur cette plage comme
théâtre d'une histoire qui remonte à plus de mille
ans. Et maintenant, mesdames et messieurs, au travail! »

Alice et ses amies suivirent les acteurs à travers
plusieurs couloirs jusqu'à un vaste plateau. De gros
projecteurs l'inondaient de leurs faisceaux lumineux.
Des petits chariots sur rails supportaient les camé-
ras et les accessoires nécessaires à la prise de vues;
les opérateurs avançaient, reculaient, faisaient pivo-
ter ou basculer la caméra jusqu'à ce qu'ils aient
trouvé le cadrage souhaité.

Alice, Bess, Marion et Sarah prirent place dans une
rangée de fauteuils, derrière le directeur, l'auteur et

deux assistants. La première séquence se déroulait devant une hutte au toit de chaume. Un jeune Polynésien se montra sur le seuil et tendit l'oreille.

« De nouveau ce bruit étrange venant de la mer », murmura-t-il.

A ce moment, le gros projecteur braqué sur lui s'éteignit et une voix cria : « Coupez! »

En attendant que la réparation fût effectuée, le jeune acteur vint s'entretenir avec le metteur en scène. Sylvia Montès s'approcha d'Alice et s'apprêtait à lui parler, quand leur attention fut attirée par le grand bras métallique d'une grue qui portait un ouvrier, un électricien sans doute. Le bras se dirigea vers le projecteur en panne. Comme tous levaient les yeux, il heurta un autre projecteur.

On entendit une explosion, et une pluie de verre s'abattit sur ceux qui se trouvaient au-dessous.

CHAPITRE VIII

INDICE IMPRÉVU

Tous se ruèrent vers un abri, renversant les chaises, accrochant au passage les fils électriques. Alice, Sarah, Bess et Marion réussirent à s'éloigner à temps. Le sol était jonché de débris de verre et de métal.

« Ouf! fit Bess en s'efforçant de reprendre souffle. Allons-nous-en d'ici avant que cela ne se reproduise.

— Ne sois pas sotte! protesta Marion. Je veux assister encore aux prises de vues. »

Le souhait de Marion ne se réalisa pas. Les acteurs

et les actrices avaient eu une telle peur qu'ils se
déclarèrent incapables de jouer ce jour-là. Accédant
à leur demande, le metteur en scène remit le tour-
nage au lendemain.

Sylvia Montès vint dire au revoir aux jeunes filles.

« Je suis navrée de cet incident, mais vous allez
bientôt voir Waikiki Beach et autant de huttes à
toits de chaume que vous le désirerez. »

Elles remercièrent Sylvia Montès de sa gentillesse
et reprirent avec Sarah le chemin de l'aéroport. En
y arrivant, Alice jeta un coup d'œil à son bracelet-
montre.

« Nous avons beaucoup de temps devant nous. Je
vais appeler papa; j'aimerais savoir s'il est tout à fait
remis. »

Elle se dirigea vers une cabine publique et
demanda M. Roy à l'hôpital général de River City.
Il lui fut répondu que M. Roy n'y était plus. Elle lui
téléphona alors chez ses amis. Bientôt, la voix de son
père résonna dans le récepteur.

« Quel plaisir de t'entendre, Alice, dit-il gaiement.
Eh oui! j'ai quitté l'hôpital. Figure-toi que le docteur
en avait assez de moi, il m'a donné mon bon de sortie. Je me sentais tout à fait bien. Toutefois, il ne me
permet pas de partir pour les Hawaï avant deux ou
trois jours. J'ai promis d'être sage et de me reposer
d'ici là. »

Alice éclata de rire.

« Je te connais, papa. Tu te reposeras en ne quittant pas le téléphone, en discutant avec tes clients ou
en dictant ton courrier.

— Tu ne voudrais tout de même pas que je me
meure d'ennui et de tristesse sans toi, n'est-ce pas? »
plaisanta M. Roy.

Redevenant sérieux, il ajouta :

> *Bientôt, la voix de son père*
> *résonna dans le récepteur.* →

« Alice, j'ai de bonnes nouvelles à te communiquer. Tu sais, ce bout de tweed que tu as trouvé dans mon bureau nous a été un indice très précieux. La police a pu mettre la main sur l'individu qui m'a attaqué.

— Comme je suis contente! s'exclama Alice. Qui est-ce?

— Il appartient à la même bande que l'homme qui a failli tuer le pauvre Cedric. Il est, lui aussi, à la solde d'O'Brien. »

Alice voulut savoir si le commissaire avait appris quelque chose au sujet de ce dernier.

« Oui, répondit son père. Mon agresseur a confirmé le récit de son complice. O'Brien a quitté la ville. Il serait même parvenu à sortir des Etats-Unis.

— Ne penses-tu pas qu'il se soit rendu aux îles Hawaï?

— On l'ignore. Il n'a pas révélé le lieu de sa destination; ses hommes de main eux-mêmes ne la connaissent pas. Selon mon agresseur, O'Brien collectionnerait les bijoux et menus objets anciens. Bien entendu, il constituerait cette collection sans bourse délier. »

Le père et la fille conversèrent quelques minutes encore. Tous deux avaient la même opinion : c'était O'Brien qui avait volé la bague de M. Milbank. Après s'être affectueusement dit au revoir, ils raccrochèrent, et Alice rejoignit Sarah et ses amies. Elles écoutèrent avec intérêt le résumé de l'entretien de M. Roy et de sa fille.

Sarah fronça les sourcils.

« Cet O'Brien de malheur va nous donner du fil à retordre, grommela-t-elle. Pourvu qu'il ne s'attaque pas à l'une de vous. Je ne me sens pas de taille à vous défendre, je suis trop vieille. »

Les deux cousines se récrièrent, et Alice embrassa Sarah en lui disant :

« Je t'en prie, ne te tourmente pas. Et puis je te défends de dire que tu es vieille. Tu es merveilleusement jeune et tu le seras toujours pour nous. En ce qui concerne ce méchant homme, nous nous débrouillerons avec lui. Ce n'est pas la première fois que nous aurons maille à partir avec des gens sans scrupule. »

Peu après, les voyageuses montaient à bord de l'avion. Bientôt Los Angeles et son beau panorama s'effacèrent à l'horizon. La nuit tomba et, renversant le dossier de leurs sièges, elles s'endormirent paisiblement.

Quand elles rouvrirent les yeux, une aube splendide éclairait le ciel et les accompagna longtemps. Enfin elles aperçurent les îles Hawaï. Des nuages rosés flottaient au-dessous d'elles; çà et là pointait un sommet montagneux; des palmiers se balançaient sur les pentes sous la brise matinale.

Le grand avion opéra un atterrissage en douceur. Alice, Sarah et les deux cousines descendirent et cherchèrent du regard M. et Mme Armstrong. Comment les repérer parmi la foule des gens venus accueillir les autres voyageurs? Hommes et femmes agitaient leurs bras chargés de colliers de fleurs.

Au moment où les jeunes filles approchaient de la sortie, un couple souriant s'avança vers Alice.

« Alice Roy? demanda la femme.

— Oui, et vous êtes Mme Armstrong, je pense. Merci d'être ainsi venus à notre rencontre.

— Permettez-moi de vous présenter mon mari, répondit Mme Armstrong. L'un et l'autre nous vous souhaitons la bienvenue. »

Tout en parlant, son mari et elle passaient des colliers de fleurs au cou des voyageuses.

« Comme vous êtes gentils! dit Alice. Quel charmant accueil! »

La conversation fut interrompue par trois jeunes gens qui accouraient.

« Ned! » s'écria Alice en embrassant un grand étudiant aux cheveux bruns, aux traits réguliers éclairés par un radieux sourire.

« Bob! » s'exclama de son côté Marion à la vue d'un garçon blond à l'aspect sportif.

« Daniel! » murmura Bess, ravie, en contemplant un beau jeune homme aux yeux verts, au corps souple et musclé.

Les jeunes gens portaient, eux aussi, des colliers qu'ils glissèrent autour du cou des jeunes filles en les embrassant gentiment. Le collier d'Alice était fait de roses pâles, celui de Marion d'anthuriums nains, celui de Bess d'orchidées et d'œillets.

Après un joyeux échange de nouvelles, Alice présenta toute sa bande d'amis aux Armstrong et, ensemble, ils se dirigèrent vers la douane où les attendaient leurs bagages.

Tout à coup Bess murmura :

« On nous suit!

— Ah! non, non, pas encore! » gémit Marion.

Bess ne voulut pas en démordre.

« Je suis sûre que ces deux hommes qui nous regardaient appartiennent à la bande des Double Scorps, chuchota-t-elle à l'oreille d'Alice. Tiens! Ils se sont éclipsés, maintenant! »

Ned avait entendu ces paroles; il voulut savoir qui étaient les Double Scorps. En quelques mots, Alice le lui expliqua.

« Très bien, nous allons semer ces déplaisants per-

sonnages! déclara Ned. Venez au Halekulani où nous
sommes descendus avec nos camarades. Nous nage-
rons un peu et nous ferons de la voile. Les Scorps
penseront que vous avez changé de projet. Plus tard,
nous vous conduirons à Kaluakua. »

M. et Mme Armstrong approuvèrent ce programme, et tout le groupe s'entassa dans leur grande
familiale.

Le bruit, le bourdonnement de la capitale moderne
des Hawaï étonna les visiteuses. Des flots de gens
s'engouffraient dans d'énormes immeubles réservés
à des bureaux ou à des magasins. Çà et là des palmiers agités par un vent léger ombrageaient les trot-
toirs, protégeant les passants du soleil tropical.

M. Armstrong arrêta sa voiture et tendit la main
vers la statue d'un Noir dressée sur un haut piédes-
tal carré.

« C'est l'effigie de Kamehameha, premier roi des îles Hawaï. Avant lui, chaque île avait son propre souverain. »

M. Armstrong les conduisit ensuite au palais Iolani. Avec un sourire il leur dit :

« C'est le seul palais des Etats-Unis, sans doute l'ignoriez-vous? »

Ils pénétrèrent dans le haut et majestueux bâtiment où régnait une agréable fraîcheur et apprirent, grâce à leur aimable guide, que ce palais abritait actuellement les services législatifs du gouvernement.

« Mais la salle du trône est restée telle qu'elle était il y a des siècles; seuls ces meubles, le trône lui-même et les fauteuils disposés de chaque côté sont des reproductions. Les originaux sont conservés au Bishop Museum. »

Les visiteurs contemplèrent peintures et étoffes, essayant d'imaginer les splendeurs du temps où le roi Kamehameha, paré de plumes multicolores, s'asseyait sur le trône.

Puis ils remontèrent en voiture et M. Armstrong démarra.

Au bout de quelques minutes, ils arrivaient dans le quartier de Waikiki Beach et s'engageaient dans l'allée d'un très beau jardin au milieu duquel se dressait l'hôtel Halekulani.

Ils s'arrêtèrent devant le perron, et Ned courut retenir une chambre où ses camarades et lui pourraient se changer au cours de la journée. Ils avaient en effet laissé à la libre disposition des jeunes filles l'appartement qui leur avait été attribué dans un petit bungalow.

« Nous vous retrouverons sur la plage dans un quart d'heure », dit Ned en les quittant.

Les jeunes filles se déshabillèrent, enfilèrent un costume de bain et se rendirent sur la terrasse de l'hôtel d'où l'on voyait la mer. Etendus sur de confortables chaises longues, M. et Mme Armstrong bavardaient avec Sarah, heureuse de se reposer à l'ombre des arbres. A un mètre au-dessous d'eux s'étendait la plage de sable blanc.

Les trois amies finissaient de se passer de l'huile solaire sur le corps quand Ned, Bob et Daniel firent leur apparition. Aussitôt les six jeunes gens se dirigèrent vers le bord de l'eau. Un peu au large, des nageurs, debout sur des planches de surf, évoluaient sur la crête des vagues; plus loin, des bateaux à doubles coques mêlaient leurs voiles rouges, bleues, ou blanches.

« Je vous emmènerai faire un tour dans un de ces catamarans, dit Ned, mais nageons d'abord. »

Quel plaisir de plonger dans les vagues, de s'éloigner et de revenir porté par les lames! Un catamaran dont la grand-voile était rouge et le foc jaune aborda la plage.

Ned discuta avec l'homme qui tenait la barre et celui-ci consentit à les embarquer tous. Ils naviguèrent à environ un mille du rivage puis mirent le cap sur la Pointe de Diamant. De là, les visiteurs contemplèrent Waikiki Beach, ses gratte-ciel, ses jardins enchanteurs, ses belles maisons particulières.

Le propriétaire du bateau prit enfin le chemin du retour. A quelque distance de la plage, Marion proposa à ses amis de revenir à la nage. Alice et Ned sautèrent aussitôt à l'eau, remercièrent l'aimable Hawaïen et se dirigèrent vers la côte. Arrivés sur le sable, ils s'allongèrent pour reprendre souffle et se reposer.

« Raconte-moi ton voyage en détail, demanda

Alice. Nous avons tremblé en apprenant que votre avion était en difficulté.

— Je ne sais pas ce qui s'est passé, répondit Ned, pourtant j'ai l'impression que nous n'avons à aucun moment couru de danger. La radio est tombée en panne, si bien que nous ne pouvions pas communiquer avec les divers aéroports. D'abord un des moteurs a cafouillé, puis un autre. Alors le pilote a décidé de faire demi-tour. »

Ned se tut un moment, Alice attendit et le laissa poursuivre.

« Tandis que l'on réparait les moteurs à Los Angeles, un incident assez bizarre s'est produit. Un homme s'est approché de nous et a demandé s'il pouvait se joindre à notre groupe. Il avait manqué le vol commercial à destination d'Honolulu et il lui fallait absolument gagner les îles dans le plus bref délai. Ses papiers, ses pièces d'identité étaient en ordre. Pourtant, je ne sais quoi dans son allure m'a déplu. C'est bizarre, il avait un tic déplaisant, il ne cessait de pianoter sur n'importe quelle surface. Cela m'agaçait beaucoup. »

A ces mots, Alice s'était redressée. Regardant Ned droit dans les yeux, elle demanda :

« Il levait les deux index et les croisait, n'est-ce pas ? »

Ce fut au tour de Ned d'être surpris.

« Oui. Mais, comment le sais-tu ? »

CHAPITRE IX

LE PAVILLON D'OR

ALICE FOURNIT RAPIDEMENT à Ned quelques détails concernant le vol dont M. Roy avait été victime. Et Ned lui fit une description complète de l'homme qui avait sollicité la permission de se joindre au groupe d'Emerson.

« C'est Jim O'Brien, décréta Alice.

— Il voyageait sous le nom de Tim O'Malley, dit Ned. Quoi qu'il en soit, nous savons qu'il est aux Hawaï.

— D'après ce que tu m'as raconté, reprit Ned, cet individu paraît dangereux. Je suis content que nous soyons là pour vous porter secours en cas de besoin. »

Alice décida de téléphoner à River City dès qu'elle se serait rhabillée. Elle voulait demander conseil à son père.

« C'est une excellente idée, approuva Ned, mais si nous faisions d'abord une nouvelle promenade en mer et nagions un peu? Il fait si bon dans l'eau! »

Ils rejoignirent leurs amis qui, à quelques mètres, paressaient au soleil.

Tous approuvèrent l'idée.

« Une fois qu'Alice sera plongée dans le mystère de Kaluakua, elle ne nous permettra plus de nous livrer aux sports aquatiques, plaisanta Marion.

— Ne me faites pas plus tyrannique que je ne le suis, répondit Alice en souriant. Je vous accorderai un moment de loisir de temps en temps.

— Grâces t'en soient rendues! » fit Daniel en s'inclinant très bas.

Ils éclatèrent de rire et nagèrent jusqu'à un catamaran; le pilote accepta de les prendre à bord. Bientôt, ils faisaient voile de nouveau vers la Pointe de Diamant.

« Si seulement nous pouvions avoir cette brise à River City, dit Marion. Chaque fois que je fais de la voile sur la Muskoka le vent tombe, et il ne me reste plus qu'à godiller. On dirait que c'est un fait exprès. »

Quand le voilier revint au large de Halekulani, Daniel s'écria :

« Qui plonge et fait une course jusqu'au rivage? Un petit quinze cents mètres, ce n'est rien!

— Non, merci, pas dans cette mer chaude, répondit Bess. Je relèverai le défi en eau plus froide. »

Sans se presser, ils regagnèrent tous à la nage le

sable blanc et allèrent s'étendre auprès de Sarah et des Armstrong. Alice leur fit part de sa décision de téléphoner à son père.

« Dans ce cas, voulez-vous que nous nous retrouvions au restaurant d'ici une demi-heure? » proposa M. Armstrong.

Ainsi fut-il convenu. Les jeunes filles allèrent se changer et Alice demanda le numéro de son père. Au bout de vingt minutes, la sonnerie grésilla. Alice prit le combiné.

« Papa! Quel plaisir de t'entendre! s'écria-t-elle. Comment te sens-tu?

— Tout à fait bien. Ce n'est plus qu'une vieille histoire, répondit M. Roy. Je ne vais pas tarder à partir. Diverses démarches et complications me retiendront en Californie plus longtemps que prévu et je ne pourrai pas vous rejoindre aussi vite que je l'avais espéré. »

Alice lui apprit que Jim O'Brien se trouvait aux Hawaï où il était entré sous le nom de Tim O'Malley. L'avocat lui promit d'en avertir le commissaire Stevenson et M. Sakamaki.

« Je t'en prie, sois prudente, ma chérie, ajouta-t-il. La police a recueilli de nouvelles informations sur les Double Scorps. Ce sont des gens dangereux.

— Je te promets de me tenir sur mes gardes. Ne t'inquiète pas trop. M. et Mme Armstrong sont prêts à nous aider quoi qu'il arrive, et les trois garçons sont fermement résolus à nous surveiller de près. Quant à Sarah, inutile de te dire qu'elle ne me laissera pas commettre de folies.

— Voilà qui me rassure, répondit M. Roy. M. Sakamaki m'a prié de te transmettre un message. Il espère que le secret de Kaluakua dévoilé, vous passe-

rez de longues heures joyeuses dans sa propriété.
C'est son vœu le plus cher.

— Le nôtre aussi. Dis-lui que nous le remercions et
comptons profiter de son hospitalité. Au revoir,
papa. Nous t'attendons avec impatience. »

Elle raccrocha et résuma son entretien avec son
père aux deux cousines. Bess prit un air effrayé.

« Ces Double Scorps me donnent le frisson. Pourquoi ne resterions-nous pas ici, nous irions tous les
jours à Kaluakua? Cela suffirait amplement.

— Non, répondit Alice. Nous n'aboutirions pas à
grand-chose. Si tu préfères rester ici, Bess, tu es
libre. Moi, je veux être sur place s'il se produit des
incidents bizarres. Et n'oublie pas que c'est souvent
la nuit que nous menons nos enquêtes.

— D'ailleurs, ajouta Marion, les fantômes ne se
promènent jamais en plein jour, or nous tenons à
faire la connaissance de celui qui danse lorsque vient
l'obscurité. »

Bess sursauta puis, s'apercevant que sa cousine se
moquait d'elle une fois de plus, elle prit une mine
décidée.

« Je plaisantais, dit-elle. Vous savez parfaitement
que je vous accompagnerai. »

Les trois jeunes filles rejoignirent les Armstrong,
Sarah et les jeunes gens dans le restaurant en plein
air.

Les voyageuses apprécièrent beaucoup le hors-
d'œuvre composé d'ananas coupés en tranches fines,
et le *mahimaki*, poisson du littoral, qui constituait le
plat principal. Au cours du repas, Ned proposa de
louer une voiture avec Bob et Daniel, et de la laisser
à Kaluakua à la disposition des jeunes filles.

« Afin que nous puissions nous sauver plus vite en
cas de danger? demanda Marion en riant.

— On ne sait jamais, répondit Ned. Vous en aurez aussi besoin pour faire des courses en ville. »

Après une brève discussion, l'idée de Ned fut approuvée à l'unanimité, et les trois garçons allèrent régler l'affaire avec M. Armstrong. Une heure plus tard ils revenaient avec un cabriolet couleur saumon.

« Oh! quelle élégance! fit Bess du perron où elle attendait en compagnie de Sarah, de Mme Armstrong, de Marion et d'Alice. Tu vas vouloir la ramener chez toi, Ned.

— Je le crains, répliqua Ned, en souriant. Allez, montez, les filles. »

Les six jeunes gens s'entassèrent dans le cabriolet. Sarah prit place dans la familiale des Armstrong qui devait rouler en tête. Ils suivirent des rues ombragées, puis débouchèrent dans une grande avenue longeant la mer. Environ une demi-heure plus tard ils s'engageaient dans l'avenue intérieure d'un parc bordé d'hibiscus en fleur.

Cette avenue aboutissait à une maison blanche à un étage, de style colonial. Une grande véranda à colonnes courait le long de la façade. Devant la maison, d'épais buissons aux feuilles de diverses couleurs et deux poincianas royaux aux fleurs écarlates formaient un ensemble féerique.

« C'est le paradis terrestre », déclara Bess comme Ned arrêtait la voiture.

Une femme et un homme d'âge moyen traversèrent une pelouse verte et s'avancèrent vers eux. L'homme était petit et brun, la femme grande et blonde. Ils s'inclinèrent très bas.

« Je m'appelle Kiyabu, pour vous servir, dit l'homme. Soyez les bienvenus à Kaluakua. »

Il fit signe à sa compagne de s'approcher et ajouta :

« Voici ma femme, Emma. »

Emma serra la main de chacun des arrivants et, après leur avoir appris qu'elle était originaire de la Nouvelle-Angleterre, elle pria Sarah et les jeunes filles de la suivre. Elle leur montrerait leurs chambres tandis que Kiyabu prendrait soin des valises.

Sarah et les trois amies suivirent Emma à l'intérieur de la demeure spacieuse, meublée avec un goût exquis dans le style oriental. Emma leur expliqua que son mari et elle habitaient une petite maison dans la propriété même, à peu de distance de là.

« Un téléphone privé relie notre habitation à celle-ci. Je vous prie de vous en servir chaque fois que vous aurez besoin de quelque chose », ajouta-t-elle.

En réponse à une question de Bess, elle dit que Kiyabu était à demi polynésien, à demi japonais.

« Il est très fier de Kaluakua. Si vous avez envie de faire le tour du domaine, il sera enchanté de vous accompagner. »

Elle eut un léger sourire et reprit :

« Je suis sûre que vous mourez d'envie de visiter le Pavillon d'Or.

— Vous ne vous trompez pas, répondit Alice en souriant à son tour.

— Entre-temps, dit Emma, je vais préparer le dîner. Les Hawaïens ont l'habitude de manger assez tard, mais je pense que vous préférerez respecter vos heures de repas.

— Non, intervint Sarah, pendant notre séjour ici nous nous conformerons aux coutumes du pays. »

Kiyabu monta les bagages dans les chambres; les jeunes filles rangèrent leurs affaires, puis rejoignirent les autres, et tous se promenèrent dans le parc dont Kiyabu leur fit les honneurs. Le domaine comprenait un court de tennis et une belle plage privée sur laquelle il y avait, tirée à sac, une pirogue à balancier. Invisible de la maison, le Pavillon d'Or s'élevait tout près de l'eau au milieu d'un très beau jardin séparé du reste de la propriété. Les visiteurs le contemplèrent avec une admiration mélangée de crainte.

La plate-forme en carrelage noir et or, fixée à son support de ciment, s'élevait à un mètre environ du sol. Un treillis de bois, peint en blanc, posé sur le ciment, entourait l'espace au-dessous de la plate-forme. Celle-ci avait près de six mètres de diamètre. Deux petits escaliers placés de chaque côté y menaient.

Les colonnes rondes qui soutenaient le toit étaient

dorées et brillaient au soleil. Le toit lui-même était
tout en or et avait la forme d'une fleur de plumiera.

« On croirait un temple oriental, fit observer
Marion.

— C'est un petit chef-d'œuvre », renchérit Bess.

Se souvenant que, selon Alice, ce pavillon avait
peut-être été édifié sur une tombe, elle dit :

« Quelqu'un est sûrement enterré dessous. »

Kiyabu sourit.

« Pas un humain, dit-il. Cependant, il se pourrait
que ce soit le tombeau de l'un des sujets de la reine
des requins. »

Surprises, les jeunes filles tournèrent les yeux vers
Kiyabu.

« Ne connaissez-vous pas la légende de Pearl Harbor ? » demanda-t-il.

Ne recevant pas de réponse, il reprit :

« Les Hawaïens appellent Pearl Harbor *Puuloa*, et
les anciens Polynésiens racontaient que la reine des
requins y demeurait ; elle se nommait Kaahupahau et
avait élu domicile dans une grotte près d'Honolulu.
Elle était très bonne, aimait les humains et ordonna
à son peuple de ne jamais les attaquer. Elle-même
consacrait une partie de son temps à éloigner les
requins mangeurs d'hommes des eaux de Pearl Harbor. Les habitants des alentours s'étaient liés d'amitié avec les requins, et on prétend même qu'ils montaient parfois sur leur dos. »

Bess frissonna.

« L'histoire est jolie, cependant je préfère ne pas
me trouver nez à nez avec un requin, si amical
soit-il. »

Kiyabu s'apprêtait à répondre, quand il se tourna
brusquement et regarda du côté de la plage. Elle était
déserte, aussi les jeunes filles furent-elles étonnées

de voir l'inquiétude se peindre sur le visage du régisseur.

« Qu'y a-t-il? » demanda vivement Alice.

L'Hawaïen haussa les épaules, mais, comme les jeunes gens reprenaient le chemin de la maison, il resta en arrière à bavarder avec Alice et Ned.

« J'ai entendu un sifflement étrange, dit-il.

— Moi aussi, je l'ai entendu, répondit Alice.

— Cela ne me plaît pas. Je crains que nous n'ayons des ennuis. L'autre jour nous avons perçu le même bruit venant de la plage. Nous avons cherché sans rien trouver. Quand nous sommes revenus chez nous, notre maison avait été mise sens dessus dessous.

— Et que vous a-t-on volé?

— C'est le plus curieux de l'affaire, fit Kiyabu en fronçant les sourcils. On ne nous a rien pris, cependant l'intrus ou les intrus cherchaient certainement quelque chose. Si vous aviez vu dans quel état étaient les pièces!

— Avez-vous une idée de ce qu'ils voulaient? » demanda Ned.

Le régisseur répondit qu'il l'ignorait. Mais cet incident, il en était persuadé, devait être en rapport avec le mystère de Kaluakua. Alice émit une hypothèse : les prétendus héritiers s'efforçaient de trouver une preuve leur permettant de faire valoir leurs droits.

« Qu'en pensez-vous? dit-elle à Kiyabu.

— C'est possible », répondit le régisseur sans se compromettre.

Après un silence il reprit :

« Il y a une chose que vous devez savoir, je pense. Peu avant la mort de M. Sakamaki, le grand-père de celui que vous connaissez, des objets de valeur ont disparu de la maison — des statuettes, dont quelques-unes étaient des reproductions de sculptures polynésiennes, et d'autres, très anciennes, d'origine orientale. Ma femme et moi, nous avons été très ennuyés quand nous avons constaté qu'elles n'étaient plus à leur place. J'en ai aussitôt informé le vieux monsieur; il s'est contenté de sourire et m'a répondu : « Elles sont en sûreté, Kiyabu. » Or, les exécuteurs testamentaires n'ont pas pu mettre la main dessus.

— Elles ont été volées », dit Ned.

Kiyabu n'était pas de cet avis.

« M. Sakamaki avait beau être très malade, il n'en avait pas moins gardé son entière lucidité et il veillait à tout. Je suis persuadé qu'il disait la vérité quand il m'a affirmé que les objets étaient à l'abri. Mais où sont-ils? Le vieux monsieur n'avait plus assez de force pour les transporter hors de la maison et les enfouir dans quelque coin du parc.

— Il est possible que M. Sakamaki les ait confiés à un de ses visiteurs, suggéra Alice.

— Ou qu'on les lui ait dérobés et que le voleur lui ait intimé l'ordre de ne pas porter plainte sous peine de terribles vengeances », intervint Ned.

Tout à coup les yeux de Kiyabu lancèrent des éclairs, ses traits se durcirent.

« C'est peut-être l'homme qui a apporté ce poisson bizarre », gronda-t-il.

CHAPITRE X

UN FANTÔME DIURNE

« RACONTEZ-MOI cette histoire », demanda aussitôt Alice.

Kiyabu décrivit le poisson : il mesurait une douzaine de centimètres, sa peau était rugueuse et sans écailles. En raison de sa couleur et de ses mouchetures, ce poisson se confond avec les herbes marines au milieu desquelles il vit; il peut aussi grimper sur la terre ferme grâce à des doubles nageoires. Il porte le nom de baudroie; en Amérique, on l'appelle communément poisson-grenouille.

L'homme qui avait apporté ce poisson dans un seau s'appelait M. Ralph Elmloch.

« M. Sakamaki l'a invité à déjeuner, continua le régisseur. Un peu plus tard, M. Sakamaki m'a prié d'aller acheter un aquarium à Honolulu. Quand je suis revenu, M. Elmloch n'était plus là. Le poisson n'a survécu que quelques heures. Et le lendemain, en faisant le ménage, Emma a remarqué la disparition des statuettes.

— Pourriez-vous me décrire M. Elmloch? » demanda Alice.

Le régisseur lui répondit qu'il était grand et roux, qu'il avait une voix de basse un peu rauque.

« Savez-vous où il demeure? reprit la jeune fille.

— Oui et non, répondit Kiyabu. Peu après sa visite, l'état de santé de M. Sakamaki s'aggrava. Il se sentait très faible. Il écrivit deux longues lettres. L'une au jeune M. Sakamaki, l'autre à M. Elmloch. Comme il me demanda de les mettre à la poste, j'ai pu voir les adresses. M. Ralph Elmloch séjournait chez des amis demeurant boulevard Kapiolani.

— A-t-il assisté aux obsèques de M. Sakamaki? demanda Alice.

— Non, je ne l'ai pas revu depuis le jour dont je vous parle. »

Pendant le reste de l'après-midi, Alice se promena autour du Pavillon d'Or, s'efforçant de deviner quel secret il recelait. Sous la plate-forme elle ne vit aucune ouverture visible. Derrière le treillis ce n'était que le ciment mélangé de roches de lave. Finalement, elle renonça, regagna la maison et en fit l'inspection sans rien apprendre d'intéressant.

« Je ne sais vraiment pas par où commencer, dit-elle à Ned. Ce mystère me paraît très difficile. »

Après le dîner Ned et Alice se dirigèrent ensemble vers le Pavillon d'Or. Le crépuscule tombait, peut-être le fantôme dansant ferait-il une apparition? La jeune fille avait repéré parmi les arbres une excellente cachette d'où ils pourraient voir sans être vus. Ils attendirent deux heures : rien ne se produisit.

Le lendemain matin, Daniel annonça :

« Quelques-uns de nos camarades nous proposent une course de pirogues à balancier. Qui relève le défi? »

Bess fut la première à répondre.

« Selon moi, nous n'avons pas la moindre chance de gagner, car nous ne sommes pas entraînés à manœuvrer ce genre d'embarcation. Mais si le cœur vous en dit, essayez. Moi, je préfère m'abstenir. A cinq vous vous en tirerez mieux.

— Tu as raison et tort à la fois, répliqua Daniel. Nous ne pouvons en effet être que cinq dans la pirogue à balancier; cela dit, nous gagnerons. »

Bess, Sarah, Emma et Kiyabu déclarèrent qu'ils suivraient la régate de la plage. A dix heures les Emersoniens apparurent et s'approchèrent du rivage. Alice et Marion montèrent dans la pirogue de Kaluakua, suivies des trois garçons. Ned s'assit à l'arrière, car il avait été décidé qu'il barrerait. Les autres saisirent chacun une pagaie.

La pirogue glissa sur les vagues et bientôt se rangea à la hauteur de l'autre embarcation. Alice et Marion connaissaient quatre des étudiants, on leur présenta le cinquième qui tenait la barre.

« Prêt? Partez! » cria-t-il.

Pendant quelques minutes les deux pirogues restèrent côte à côte, puis celle qui n'avait que des hommes à bord prit la tête.

Les pagaies semblaient voler entre ciel et eau, pourtant l'équipage de Ned ne réussissait pas à rattraper l'équipage adverse.

« Notre rythme est mauvais, dit enfin Ned. Vous

ne pagayez pas ensemble. Quand je crierai : Deux-
Deux! Vous tirerez tous. »

Aussitôt la cadence s'améliora, l'embarcation prit
de la vitesse. La première pirogue contourna la
bouée et mit le cap sur le rivage. Une minute plus
tard, celle de Ned virait de près sans perdre de
temps. Peu à peu la distance qui séparait les
pirogues à balancier diminuait.

Ned accéléra encore la cadence. Comme les deux
embarcations approchaient de l'arrivée, Marion cria
à ses compagnons qu'elle ne voulait à aucun prix
perdre la course. Encouragés par ses admonesta-
tions, ils se mirent à mouvoir si vite leurs bras que,
de la plage, les assistants ne voyaient plus qu'une
sorte de voile ondulant. Enfin la course se termina
sur un match nul.

A bout de souffle, les pagayeurs se reposèrent un moment. Mais, bientôt, ils s'interpellèrent d'un bateau à l'autre.

« Je ne pensais pas que vous nous rattraperiez! dit le chef de nage. Bravo! Vous nous avez bien remontés. »

Tous se mirent à rire, et Daniel déclara :

« Le secret, c'est d'avoir des filles qui rament comme des garçons : l'affaire est dans le sac! »

Les cinq étudiants d'Emerson firent de grands signes d'adieu et mirent le cap sur Halekulani. Alice et ses amis reprirent leurs pagaies et se dirigèrent vers le rivage. Ils n'en étaient plus très éloignés, quand Alice, qui regardait du côté du Pavillon d'Or, sursauta.

« Regardez! s'écria-t-elle. Une femme vêtue d'un long moumou blanc vient de sortir en rampant de dessous le Pavillon. »

Les visages se tournèrent vers le gracieux édifice. La femme se tenait debout, immobile, et les jeunes gens se demandèrent si elle allait danser.

« Voyons! Alice! tu as rêvé, fit Marion. Comment aurait-elle pu ramper sous le pavillon? Kiyabu m'a dit qu'il n'y avait pas d'ouverture sous la plate-forme.

— Et je n'en ai trouvé aucune, confirma Alice. Sans doute est-elle bien cachée. »

Soudain la femme se mit à courir vers la maison. Un moment après, elle disparaissait dans les buissons.

« Oh! elle va pénétrer à l'intérieur! s'exclama Alice, inquiète. Je suis sûre que la porte n'est pas fermée à clef. Et Bess, Sarah et Kiyabu ne regardent pas de ce côté-là! »

Marion et Alice s'efforcèrent d'attirer l'attention des spectateurs restés sur la plage et de leur faire tourner la tête; hélas! ni les uns ni les autres ne comprirent.

« Je me demande si c'est le « fantôme » qu'a vu Kiyabu, songeait Alice. Pourquoi cette femme se promène-t-elle en plein jour? »

Les pagaies frappaient l'eau à une çadence rapide et, enfin, sautant sur le sable, Daniel et Bob halèrent le bateau à sec. Après avoir jeté au passage une brève explication à Bess et à Kiyabu, ils coururent vers la maison, suivis de Ned et d'Alice.

Plus de femme en moumou. Pourtant, Alice avait la ferme conviction qu'elle était entrée là.

« Il ne faut pas qu'elle puisse s'échapper! » s'écria-t-elle.

Tous prirent position, encerclant la demeure le mieux possible. Seuls Alice et Ned gravirent le perron et se ruèrent dans le vestibule.

Juste à ce moment, un cri atroce retentit.

CHAPITRE XI

UN CADEAU MALÉFIQUE

COMME L'ÉCHO de ce cri s'éteignait, ceux qui étaient de guet à l'extérieur se précipitèrent, et se rejoignirent dans le vestibule.

« Qui a hurlé ainsi? demanda Bess. Et où est la femme?

— Cherchons-la! » s'écria Alice.

Bess et Daniel montèrent au premier étage par le grand escalier, Kiyabu et Emma prirent l'escalier de service, tandis qu'Alice, Ned, Marion et Bob inspectaient les pièces du rez-de-chaussée. Ils ouvrirent les placards, regardèrent derrière les rideaux et les paravents, sous les meubles, sans voir la moindre trace de la femme en moumou blanc. Déçus, ils se réunirent de nouveau dans le vestibule d'entrée.

« Comment a-t-elle pu s'échapper de la maison? s'étonna Bess. Nous surveillions les portes et les fenêtres.

— Oui, jusqu'à un certain moment, répondit Alice. Mais quand elle a crié, chacun de vous a abandonné son poste. Selon moi, elle en a profité pour sortir par une fenêtre.

— Tu veux dire, intervint Marion, qu'elle a hurlé dans l'intention de nous attirer à l'intérieur et de s'enfuir?

— C'est une supposition, répondit Alice. Il se peut aussi qu'elle ait été blessée ou qu'on lui ait fait peur. Je vais chercher ma loupe et voir si je ne trouverais pas un quelconque indice. »

Elle monta à sa chambre et, dans une de ses valises, elle prit la loupe que son père lui avait offerte pour Noël.

Quand elle redescendit, Kiyabu la suivit de place en place, une lueur d'amusement dans les yeux chaque fois que la jeune fille se livrait à une remarque à la fois juste et drôle comme « Kiyabu, demandez, je vous prie, à Bess de ne pas poser ses coudes sur le piano : cela laisse des marques »; « Daniel, quand tu danses, tu ferais mieux de ne pas porter ce chandail. Il perd des poils. »

Dans la véranda, Alice s'arrêta devant la statue d'un guerrier japonais. Le samouraï tenait une épée à la main. Alice examina l'arme avec un soin particulier et sourit.

« La femme en blanc a crié, je crois, parce qu'elle s'est égratigné ou le bras ou la tête à cette épée.

— Tu as vu du sang dessus? demanda Bess, horrifiée.

— Non, seulement quelques petits morceaux de peau et de poils ou de cheveux. »

Bess frissonna, et Ned s'avança vers la fenêtre proche de la statue.

« C'est sans doute par là qu'elle s'est esquivée », dit-il.

Alice approuva de la tête. La fenêtre basse, grande ouverte, était cachée vers l'extérieur par des buissons. Comme le rebord de la fenêtre ne portait aucune empreinte de doigts, Alice en conclut que la femme s'était assise dessus et, basculant, avait sauté en bas.

Alice et Ned prirent le même chemin. Avec sa loupe, la jeune fille examina les rochers sans découvrir de traces de pieds. Toutefois, elle en aperçut sur la terre molle entre les buissons.

« Elle ne doit pas peser bien lourd, n'est-ce pas? dit Ned.

— Non, acquiesça Alice. Et elle court avec une grande légèreté. C'est sans doute une danseuse de métier. Hélas! cela ne nous aide guère à l'identifier. Est-ce la femme d'un des membres des Double Scorps? »

Aussitôt après le déjeuner, Kiyabu annonça deux visiteurs venant d'Honolulu. L'un, inspecteur de police, se présenta sous le nom de Robert Bill, l'autre, sous celui d'Henry Lacow. Ce dernier déclara qu'il représentait la banque chargée de gérer les biens de feu M. Sakamaki. Les deux hommes s'adressèrent à Alice.

« M. Stevenson, commissaire de police à River City, commença l'inspecteur de police, a téléphoné à notre chef, suggérant que nos services se mettent en relation avec vous, mademoiselle. Si j'ai bien compris, vous possédez des renseignements assez complets sur l'affaire de M. Sakamaki et vous n'ignorez pas que certains faits étranges se sont produits ces derniers temps à Kaluakua. »

Alice résuma ce qu'elle savait à ce sujet et raconta le nouvel incident de la femme en moumou. L'inspecteur prenait des notes et, à l'occasion, posait des questions.

« Voilà un rapport très précis, dit-il enfin. Nous allons chercher l'homme qui circule sous les noms de Jim O'Brien et de Tim O'Malley. Avec la description que vous venez de nous fournir, nous ne devrions pas être en peine de le trouver. Il faudra aussi que nous enquêtions sur les agissements de Ralph Elmloch. Quant à la femme au moumou blanc, je suppose qu'elle ne s'habille ainsi que dans des occasions comme celle de ce matin. Il nous sera donc plus difficile de mettre la main dessus. Maintenant, j'aimerais examiner la statue sur laquelle elle s'est égratignée ainsi que les empreintes de pas sur le sol. »

Ned proposa de conduire l'inspecteur tandis qu'Alice s'entretiendrait avec M. Lacow.

« Pourriez-vous me parler des personnes qui revendiquent l'héritage de M. Sakamaki? demanda la jeune fille.

— Avec plaisir, répondit M. Lacow. D'ailleurs, après avoir entendu raconter vos prouesses dans le métier de détective, j'avais décidé de vous demander votre assistance. »

Alice rougit.

M. Lacow lui raconta que les deux mystérieux héritiers de la fortune Sakamaki se montraient très réticents. Fred Chatley et sa sœur Jane semblaient avoir peu de documents à fournir à l'appui de leurs prétentions.

« Ont-ils pris un avocat? demanda Alice.

— Pas encore, répondit M. Lacow. Toutefois, aujourd'hui, ils nous ont menacés d'en choisir un si nous n'acceptions pas de reconnaître leurs droits dans les plus brefs délais.

— Vous avez donc conçu quelques doutes à leur sujet?

— Comment pourrait-il en être autrement? Je connaissais très bien le vieux M. Sakamaki. S'il avait eu des parents en Californie, il m'en aurait parlé, je crois. »

M. Lacow marqua un silence, puis reprit :

« Le domaine est très vaste, quoi d'étonnant à ce que l'on se dispute sa possession? Autant que je puisse en juger, les titres qui m'ont été présentés par ces Californiens paraissent en ordre, et c'est ce qui me trouble. J'ai cru comprendre que votre père avait l'intention de s'arrêter au passage en Californie et de vérifier si ces pièces sont authentiques ou non. J'attends avec impatience le résultat de son enquête. »

Alice demanda si, parmi les papiers que les Chatley présentaient à l'appui de leurs revendications, il n'y aurait pas des lettres écrites par le vieux M. Sakamaki à Jane et à Fred ou à leurs mère ou grand-mère.

« Non, répondit M. Lacow. Le frère et la sœur affirment avoir lu la reproduction du testament dans un journal californien.

— Où demeurent-ils? voulut savoir Alice.

— Chez des amis : les Peabody, à Honolulu. Je ne me souviens pas de l'adresse. Je vous l'enverrai », promit-il.

Entre-temps, l'inspecteur avait terminé son travail.

Il revint à la maison et, peu après, les deux hommes prenaient congé.

Peu avant le dîner, Kiyabu entra dans la véranda couverte où tous étaient réunis. Il présenta à Alice un long carton qui, de toute évidence, contenait des fleurs. Le régisseur attendit qu'elle l'ouvrît. Un ravissant *lei*, ou collier, de fleurs d'un rouge très foncé, presque noir, répandit un parfum sucré dans la pièce.

Elle prit la carte épinglée sur une tige et lut :

« Tiens! comme c'est original! » fit Alice.

M. et Mme Armstrong, avec leur amical souvenir.

« Ils sont trop gentils! » s'exclama-t-elle.

Soulevant le lei noir, elle voulut le passer à son cou. Kiyabu bondit et le lui arracha des mains.

« Oh! non, non! je vous en prie! implora-t-il. Ne portez pas ce lei! C'est... c'est... une offrande aux morts! »

Alice resta stupéfaite. Les Armstrong connaissaient les coutumes des îles. Pourquoi lui auraient-ils envoyé un tel lei? Se levant, elle se dirigea vers le téléphone et appela Mme Armstrong.

« Un lei? répéta celle-ci à la suite d'Alice. Ce n'est ni mon mari ni moi qui vous l'avons envoyé. »

Le cœur de la jeune fille s'arrêta une seconde, et elle demeura perdue dans ses pensées. Qui lui avait adressé ce sombre présage? Un ennemi?

CHAPITRE XII

UNE VISITE PEU AGRÉABLE

AVANT DE REJOINDRE ses amis au salon, Alice voulut téléphoner au fleuriste qui avait vendu le lei.

Par chance la boutique était encore ouverte. Après avoir consulté son registre, le propriétaire déclara qu'il n'avait reçu aucune commande de lei noir dans le courant de la journée. Quelqu'un s'était servi d'un carton portant son nom.

« Est-il exact qu'à l'occasion de funérailles on offre des leis composés de fleurs d'un pourpre foncé ? » demanda Alice.

Le fleuriste répondit qu'en effet, telle était la coutume, mais qu'elle tombait en désuétude.

Alice remercia son interlocuteur du renseignement et reposa le combiné. Plus perplexe que jamais, elle rejoignit ses amis au salon.

« Le lei ne vient pas de chez ce fleuriste, leur apprit-elle. Il est l'œuvre d'un amateur. »

Curieuse d'en savoir davantage sur les leis, Marion avait pris le singulier présent et l'examinait avec soin.

« Voilà qui est bizarre, dit-elle tout à coup. Çà et là, au milieu des fleurs, il y a des semences de tapissier, très pointues et de couleur brune. »

Comme elle les lui montrait, Bess s'exclama.

« Regarde! Partout où il s'en trouve, les fleurs se flétrissent! »

A son tour, Alice regarda le lei.

« Repose-le dans sa boîte, Marion. Je crains que ces clous n'aient été enduits de poison.

— Comment? » fit Ned en bondissant.

Alice développa sa pensée : l'expéditeur avait espéré qu'elle enfilerait aussitôt le collier dont les pointes s'enfonceraient dans sa chair et l'empoisonneraient.

« C'est affreux! » s'écria Bess.

L'incident les laissait désemparés. Avaient-ils en face d'eux de véritables criminels prêts à tout? Ned fit remarquer que l'expéditeur devait se trouver dans une situation désespérée pour oser recourir à de semblables moyens.

« Mais pourquoi cet homme ou cette femme s'en prennent-ils directement à toi? C'est ce que je ne comprends pas. »

Marion répondit à la place d'Alice :

Marion avait pris le singulier présent... →

« Pour nous faire partir d'ici. »

Sur ces entrefaites, Sarah entra dans la pièce. Elle n'avait pas entendu leur conversation et, d'un commun accord, ils décidèrent de ne pas l'inquiéter. Elle leur annonça que le dîner était prêt et les pria de ne pas faire attendre Emma.

Ned resta en arrière et enferma le carton dans un placard du vestibule, dont il prit la clef. Il reviendrait plus tard soit pour enterrer le lei, soit pour le remettre aux inspecteurs de police s'ils le réclamaient.

Kiyabu leur servit un délicieux repas. Les « continentaux » savourèrent des mets typiquement hawaïens : poisson cru au citron et poulet à l'ananas.

« Si vous êtes d'accord, mesdemoiselles, dit Bob, nous irons pêcher dans la pirogue à balancier demain matin. Ned, Daniel et moi.

— Bonne chance! répondit Marion. Je vous conseille vivement de rapporter un gros poisson si vous voulez vous faire pardonner. Comment osez-vous nous délaisser ainsi?

— Oh! là! là! fit Bob. Mademoiselle monte sur ses grands chevaux! Et que nous arrivera-t-il, s'il vous plaît, si nous revenons bredouilles?

— Vous ne le saurez que trop vite à votre gré! » répondit-elle en riant.

Alice demanda si elle pouvait emprunter la voiture, car elle désirait faire quelques démarches à Honolulu. Elle ne précisa pas lesquelles. En fait, elle ne révéla son principal objectif qu'à Bess et Marion tandis qu'elles roulaient le lendemain sur la grand-route.

« Je veux découvrir qui m'a envoyé ce lei, dit Alice. Vous rappelez-vous ce groupe de femmes qui composaient et vendaient des leis au premier croi-

sement après l'aéroport? Nous ne risquons rien à nous informer sur place. »

Quand elles arrivèrent au carrefour, Alice gara la voiture et les trois amies descendirent. Avec un gentil sourire, elles allèrent d'une femme à l'autre, demandant à chacune si elle n'aurait pas confectionné la veille un lei de fleurs d'un pourpre très foncé. Toutes répondirent négativement. La dernière, enfin, une bonne vieille au visage creusé de rides, occupée à entrelacer de ravissantes orchidées, leva la tête, surprise, en entendant Alice lui poser la même question.

« Oui, oui, j'ai en effet vendu un lei funéraire hier après-midi. Pourquoi me le demandez-vous? »

La jeune fille jugea plus sage de ne pas révéler la vérité entière. Feignant de rire, elle raconta qu'un inconnu lui avait offert le lei et elle désirait savoir qui cela pouvait être.

ALICE AUX ÎLES HAWAÏ

« Ah! ah! fit la femme, un admirateur? »
Puis, se ravisant, elle fronça le sourcil.

« Impossible! C'était un lei funéraire. »

Elle précisa alors que l'homme l'avait priée de composer le lei avec les fleurs qu'il avait apportées lui-même.

« Il était grand et ses cheveux blonds tiraient sur le roux, ajouta-t-elle. Sans doute venait-il du continent parce qu'il n'avait pas l'accent de chez nous.

— Vous a-t-il demandé de mettre quelque chose dans les fleurs? intervint Bess.

— Non », répondit la femme.

Alice la remercia du renseignement, et les jeunes filles regagnèrent le cabriolet.

« Des cheveux blond-roux! répéta Marion. Ne serait-ce pas Ralph Elmloch, l'homme que nous soupçonnons d'avoir abusé de la confiance du vieux M. Sakamaki?

— On le dirait, approuva Alice. Nous allons nous rendre tout de suite au commissariat de police principal. J'espère que l'inspecteur Bill y sera. »

Par bonheur, l'inspecteur était là. Alice lui raconta son histoire. Robert Bill l'écouta en silence, le visage grave.

« Cela ne me plaît pas du tout, dit-il. Je vous en prie, mademoiselle, soyez très, très, prudente. Nous n'avons pas été en mesure de découvrir où habite ce Ralph Elmloch. Aussitôt après avoir reçu la lettre du vieux M. Sakamaki, il a quitté l'adresse où il se trouvait. C'est tout ce que nous avons pu apprendre. »

Les jeunes filles discutèrent un moment avec l'inspecteur. Alice voulut savoir ce qu'il pensait des Chatley. Ne seraient-ils pas des imposteurs?

« C'est une éventualité, répondit l'inspecteur. Toutefois, rien ne nous permet de mettre en doute les documents qu'ils ont présentés — encore que ceux-ci soient peu nombreux.

— Je voudrais essayer de m'entretenir avec eux, dit Alice. Me permettez-vous d'utiliser votre téléphone?

— Avec plaisir », répondit l'inspecteur en poussant l'appareil vers la jeune fille.

Il eut même la complaisance de chercher le numéro des Peabody dans l'annuaire.

Une voix jeune, plate et agaçante, répondit à l'appel d'Alice.

« Allô!

— Ici, Alice Roy. J'aimerais beaucoup voir M. Chatley et sa sœur. Pourriez-vous m'indiquer à quelle heure je les dérangerais le moins?

— Bah! fit la femme, je n'en sais rien. Ils ne reçoivent pas beaucoup. Attendez, je vais le leur demander. »

Au bout d'un long moment, une autre voix de femme se fit entendre.

« Ici, Mme Chatley Bradfield. »

Alice répéta sa requête. Un silence suivit pendant lequel on eût dit que Jane Bradfield consultait quelqu'un. Enfin, elle reprit :

« Comme vous voudrez. Moi aussi, je serai enchantée de faire votre connaissance. Quand désirez-vous venir?

— Tout de suite, répondit Alice. Et j'aimerais amener deux amies qui m'ont accompagnée en ville.

— C'est bon! Je vous attends toutes les trois », répondit Jane Bradfield avec une pointe de sécheresse.

Chemin faisant, Bess déclara qu'elle ne voulait pas entrer chez les Peabody. Elle supplia même

Alice de s'entretenir avec les Chatley dans le jardin.

« Après le beau cadeau que tu as reçu, je n'ai plus confiance en personne », déclara-t-elle.

Le vœu de Bess fut accompli. La maison se dressait en retrait de la rue et était entourée d'une haie dense et haute. Une allée menait au perron à travers un parc ravissant.

Bess et Marion s'installèrent sur des chaises longues tandis qu'Alice sonnait à la porte d'entrée. Une femme d'âge moyen, vêtue d'un long moumou bleu foncé, lui ouvrit. Ses cheveux longs et frisés étaient ébouriffés.

« Madame Bradfield? demanda Alice.

— Oh! non, je suis Mme Peabody. Jane sera là dans quelques instants. Elle a voulu se faire belle pour vous recevoir. Veuillez entrer. »

Mme Peabody avait tout de suite déplu à Alice.

« Le jardin est si beau que je préférerais y rester, à moins que cela ne vous ennuie », répondit-elle.

Mme Peabody eut un léger haussement d'épaules.

« Comme il vous plaira », dit-elle.

A ce moment Jane Bradfield et Fred Chatley firent leur apparition. Le frère et la sœur ne se ressemblaient pas le moins du monde. Fred était grand, il avait les cheveux blonds, le teint pâle. Sa sœur était petite, mince, avec des cheveux bruns presque noirs et un teint brouillé. Comme Alice proposait d'aller retrouver Bess et Marion au jardin, Jane Bradfield lui demanda brutalement :

« Pourquoi êtes-vous venues? »

Alice fut abasourdie. Elle réussit cependant à garder son sang-froid et répondit :

« Je suis une amie de M. Sakamaki. Mon père est son avocat. J'ai cru comprendre que vous étiez apparentés à M. Sakamaki?

— Oui, répondit Fred d'une voix doucereuse. Nous avons un grand-père commun, encore que M. Saka-maki semble l'avoir ignoré jusqu'ici, comme vous le savez. »

Tout à coup, la voix de Fred se fit grinçante :

« Mon grand-père a bien mal traité sa première femme. Il a fait montre d'une mesquinerie incon-cevable. Si nous recevons notre part d'héritage, j'ou-blierai tout cela, ou du moins une grande partie. Ah! si vous saviez de quoi je serai capable pour entrer en possession de ce domaine! »

Une telle manière d'aborder le sujet dégoûta Alice et ses amies venues la rejoindre. Elles n'apprirent pas grand-chose de nouveau et ne tardèrent pas à se retirer.

Les trois jeunes filles remontèrent en voiture. Après avoir roulé quelques mètres, Alice s'arrêta et se gara sur l'accotement.

« Poursuivons notre enquête en interrogeant les voisins des Peabody. Nous en tirerons peut-être des renseignements précieux. C'est drôle, ils détonnent dans ce paisible quartier. »

CHAPITRE XIII

UNE DÉCOUVERTE IMPORTANTE

ALICE, Bess et Marion allèrent trouver dans leur jardin les voisins des Peabody. Engageant discrètement la conversation, elles s'efforcèrent de savoir si l'on connaissait ces gens. Partout elles reçurent la même réponse : les Peabody s'étaient installés depuis quelques mois dans le quartier; on ignorait d'où ils venaient et ce qu'ils faisaient. Ils se montraient peu sociables et s'absentaient souvent.

Les trois amies regagnèrent leur voiture auprès de laquelle une femme semblait attendre : elles la reconnurent pour l'avoir interrogée quelques minutes plus tôt. Alice crut qu'elle avait un renseignement à leur communiquer, mais la femme se contenta de sourire et de leur demander si elles se rendaient à Honolulu. Sur leur réponse affirmative, elle les pria de l'emmener. Son mari, expliqua-t-elle, avait pris leur voiture pour toute la journée.

« Montez, dit Alice en ouvrant la portière, nous nous ferons un plaisir de vous conduire où vous voudrez. »

En chemin la passagère, qui s'appelait Mme Thomas, leur montra un arbre dont le tronc se divisait en de multiples branches, couvertes d'un épais feuillage.

« C'est un lécythide, leur apprit-elle. Ils poussent en grand nombre sur l'île de Kauai; les gens d'ici façonnent avec leur bois de très jolis objets. Je vais en acheter dans un magasin qui tient ce genre d'articles.

— Le bois est-il dur? demanda Marion.

— Oh! oui, répondit Mme Thomas, il est très solide et ne se fendille pas.

— Nous voulons rapporter chez nous quelques souvenirs de voyage, dit Alice. Voilà une excellente occasion de faire notre choix. »

Quand elles arrivèrent dans le quartier de Waikiki Beach, Mme Thomas emmena les trois amies au magasin dont elle leur avait parlé. Après avoir examiné divers objets, tous très jolis, Marion choisit un plateau, Bess deux bols et Alice un saladier avec le couvert assorti.

« Près d'ici, dit Mme Thomas aux jeunes filles, il y a une bijouterie qui vous intéressera. Les propriétaires vendent des articles en ivoire. Si vous disposez d'un peu de temps encore, je vous conseille d'aller y jeter un coup d'œil. »

De loin, elle montra la boutique aux trois touristes et leur dit au revoir. Alice, Bess et Marion traversèrent la rue et entrèrent dans la bijouterie.

« Voilà ce qu'il faut pour tante Cécile », dit Alice en choisissant une broche et des boucles d'oreilles en forme de fleurs de gingembre.

Quand elles eurent terminé leurs emplettes, les trois amies remontèrent en voiture et se dirigèrent vers Kaluakua. Comme Alice freinait dans l'allée de la propriété, Ned vint au-devant des jeunes filles, un sourire triomphant aux lèvres.

« Où diantre avez-vous été? Nous avons harponné le plus grand poisson du littoral, et cela fait des heures que nous vous attendons. Venez vite l'admirer.

— Qu'est-ce que c'est? Où est-il? demanda Marion.

— C'est un ulua, répondit Ned. Et si vous saviez quelle lutte il nous a fallu soutenir contre lui! Il nous a entraînés très loin, on aurait dit que notre barque ne pesait pas plus lourd qu'une plume. Nous volions littéralement sur l'eau. »

Seule Bess fut impressionnée. Avec un sourire ironique, Alice dit :

« Inutile d'en rajouter, Ned! Nous ne marchons pas. Quelle est la taille de ton poisson? Vingt centimètres?

— Suivez-moi », ordonna Ned pour toute réponse. Ils entrèrent dans la cuisine.

Bien qu'on lui eût enlevé la tête, la queue et les nageoires, l'ulua occupait à lui seul la table. Force fut aux incrédules de reconnaître qu'il était énorme.

« Nous n'allons pas être méchants : vous allez savoir la vérité. C'est Ned, notre héros national, qui l'a harponné sous l'eau. Cela dit, le poisson s'est laissé emmener sans trop de résistance. »

Ned reconnut qu'en effet la lutte n'avait pas été épuisante. L'ulua était mort presque aussitôt.

« Nous le mangerons à déjeuner, déclara-t-il. Aussi je vous conseille de vous mettre en appétit. Vite, à l'eau!

— Ne nagez pas longtemps, conseilla Sarah, sinon vous dévoreriez en rentrant et vous ne pourriez plus faire honneur au festin que M. et Mme Armstrong veulent vous offrir ce soir. Ils ont téléphoné pour vous inviter à un *luau* — repas de fête caractéristique du pays.

— Oh! quelle chance! » s'écria Bess, toujours disposée à bien manger.

Sarah précisa que les Armstrong les avaient priés de se rendre chez eux tous ensemble. Elle leur avait répondu qu'Alice et ses amies préféreraient sans doute ne pas s'absenter aussi longtemps de Kaluakua, de crainte que des incidents ne s'y produisent.

« Ils ont donc proposé de venir ici et de préparer le festin. Kiyabu m'a dit qu'il existe dans le parc une fosse où l'on faisait autrefois griller les cochons pour les *luaux*. Il va la dégager et faire chauffer la roche de lave dont on tapisse le fond. Le cochon doit être cuit à l'étuvée.

« Miam, miam, fit Bess en se pourléchant à la pensée du délicieux repas en perspective. Comment vais-je attendre jusqu'à ce soir? »

Alice surprit une légère expression de dépit sur le visage de Ned.

« En dégustant l'immense ulua », dit-elle vivement.

Le jeune homme rougit de plaisir et, en guise de remerciement, il lui adressa un large sourire.

« Tu sais, Alice, les fonds sont d'une rare beauté au large. Viens plonger avec moi. Je voudrais que tu les voies.

— Tu seras mon guide demain, répondit Alice, et peut-être rencontrerons-nous un autre poisson de cette taille. »

Chacun apprécia la saveur de l'ulua. Sitôt le déjeuner terminé, Alice demanda à ses amis de se joindre à elle pour inspecter minutieusement la maison et ses dépendances. Ils scrutèrent les murs à petits coups de marteau, passèrent en revue planchers et plafonds dans l'espoir d'y déceler des ouvertures dissimulées. Mais leur recherche fut vaine. Y avait-il, oui ou non, un secret? Alice commençait à en douter.

Bess poussa un soupir de découragement.

« Je crains que le vieux M. Sakamaki ne se soit tout bonnement amusé aux dépens de son petit-fils. Ne voulant pas que le domaine passe en des mains étrangères, il aura inventé ce stratagème. »

Personne ne répondit. Ils étaient réunis au salon. Marion avait rampé sous une lourde table en bois de teck et frappait le dessous avec son index replié. Tout à coup, on l'entendit pousser un petit cri de surprise.

« Un tiroir secret! » s'exclama-t-elle.

Ses amis se mirent aussitôt à quatre pattes et se glissèrent à côté d'elle.

« Voyez! Il y a un panneau coulissant. Ce doit être un tiroir secret. Oui! C'en est un et il est plein! » s'écria-t-elle, triomphante.

Bob l'aida à le soulever. Il contenait de petites statuettes en bois noir. Alice les prit et les posa une à une sur la table.

« Quelle trouvaille! s'écria Ned, enthousiaste. Je parie qu'elles sont très anciennes et de grande valeur. »

Kiyabu fut appelé. Il les contempla avec effroi et surprise. Il ne les avait jamais vues. Lui aussi pen-

sait qu'elles étaient très anciennes et que M. Sakamaki n'aurait pas pris soin de les cacher si elles
n'avaient été précieuses.

« Je connais M. Uni, conservateur du musée d'Honolulu, dit-il. Il consentira sans doute à venir y jeter
un coup d'œil. »

Alice approuva l'idée et pria Kiyabu de téléphoner
à M. Uni. Peu après, l'expert polynésien arrivait.
C'était un homme petit, au regard vif et intelligent.
Il étudia chaque statuette avec la plus grande attention. Enfin, il rendit son verdict : elles étaient très
vieilles et authentiques, sans toutefois remonter à
la haute Antiquité.

« Nous serions heureux de les acquérir pour notre
musée, dit-il. Savez-vous si les héritiers de feu
M. Sakamaki consentiraient à nous les vendre? En
attendant, elles seraient plus en sécurité dans un de
nos coffres qu'ici, car j'ai cru comprendre qu'il se
passait d'étranges incidents à Kaluakua.

— En effet, répondit Kiyabu. Maintenant que ces
statuettes ont été retrouvées, mieux vaut les mettre
en lieu sûr. »

Alice proposa de solliciter l'avis de M. Lacow sur
le sujet. Mis au courant de la découverte, celui-ci
conseilla de confier les objets d'art au musée.

« Voudriez-vous, mademoiselle, établir un inven-
taire détaillé de ces pièces et prier M. Uni de le
signer, demanda-t-il. Bien entendu, nous vous faisons
confiance, à vous-même et à M. Uni, mais ce reçu
est indispensable pour couvrir notre responsabilité.

— Je le comprends parfaitement », répondit Alice.

Kiyabu apporta un stylo et plusieurs feuilles de
papier. Alice écrivit une description détaillée de chaque statuette. La plupart représentaient d'anciens
dieux polynésiens, d'autres des rois.

Ned, Bob et Daniel partirent avec M. Uni, et Kiyabu retourna au jardin achever ses préparatifs en vue du festin. Non loin de la vieille fosse, il avait allumé un feu de bois dans une petite dépression du terrain. A côté, il avait posé un seau rempli d'eau.

De temps à autre, Kiyabu prenait de lourdes pincettes et retirait du feu un morceau de roche qu'il laissait tomber dans le seau, sans doute pour se rendre compte du degré de chaleur.

Sarah déclara qu'elle allait s'asseoir à l'ombre près de l'endroit où aurait lieu le repas en plein air. Elle voulait se reposer un peu et elle invita les jeunes filles à la rejoindre dès qu'elles auraient terminé leurs recherches.

« Si nous nous arrêtions à présent? proposa Bess. Sinon, nous serons épuisées ce soir et nous ne profiterons pas de la fête. »

Alice répugnait à laisser la tâche inachevée. Cependant, elle avait des remords d'avoir un peu abandonné Sarah depuis leur arrivée à Kaluakua. Elle décida donc d'aller lui tenir compagnie, et elles s'installèrent toutes les quatre confortablement dans des fauteuils. A quelques mètres derrière elle, le feu rougeoyait.

Kiyabu quitta son travail et rentra à la maison. Parvenu sur le perron, il se retourna et resta figé d'effroi.

Une forme furtive venait de sortir des buissons, la forme d'un homme qui, rapide comme l'éclair, saisit les énormes pincettes posées sur le sol et les brandit dans la direction d'Alice.

CHAPITRE XIV

RENCONTRE AVEC UN REQUIN

« AUWA! WIKIWIKI! » hurla Kiyabu du perron.
Alice et ses amies ne comprirent pas la signification du cri, mais, instinctivement, se tournèrent
dans la direction qu'indiquait le regard du régisseur.

Alice bougea juste à temps. Les lourdes pincettes
arrivaient droit sur elle. Elle fit un saut de côté et
l'instrument s'enfonça dans le buisson à quelques
pas de l'endroit où elle se trouvait la seconde précédente.

Marion avait vu l'homme, elle cria :

« Vite, courons après lui! »

Elle se précipita à travers la pelouse, suivie d'Alice

et de Bess. L'homme volait littéralement, il zigza-
guait entre les arbres et les buissons et, bientôt,
atteignit la sortie du parc. Quand les trois amies y
parvinrent, il était déjà loin sur la route. Une petite
automobile noire surgit des taillis qui bordaient
l'accotement, la portière s'ouvrit et l'homme
s'engouffra à l'intérieur.

Les jeunes filles ne purent que regarder la voiture
s'éloigner à toute vitesse. Il leur fut impossible de
déchiffrer le numéro inscrit sur la plaque.

« Encore un membre des Double Scorps, grommela Marion. Quelle chance que Kiyabu l'ait vu et
t'ait avertie, Alice! »

Alice garda le silence. Elle était un peu secouée et
se demandait qui pouvait être cet homme. De taille
moyenne, il avait des cheveux bruns, clairsemés.

« Serait-ce Jim O'Brien, alias Tim O'Malley? » se
disait-elle.

Les trois amies allèrent retrouver Kiyabu et Sarah,
encore bouleversés par le danger couru par Alice.
La jeune fille essaya de les apaiser. Quant à Marion,
elle voulut savoir qu'elle était la signification des
mots criés par le régisseur.

« *Auwa* veut dire « Malheur à moi! » et *wikiwiki* « Pressez-vous! ». Comme je suis heureux que
vous l'ayez fait!

— Merci, Kiyabu », dit Alice d'un ton grave.

Elle ajouta qu'elle allait téléphoner sur-le-champ
à la police.

L'inspecteur Bill parut très ennuyé de la tournure
prise par les événements. Toutefois, il ne parla pas
d'envoyer un inspecteur sur place, et Alice ne souleva
pas la question.

Le policier semblait pressé de retrouver la voiture
noire.

Alice retourna au jardin, et les trois garçons revinrent d'Honolulu habillés de chemises Aloha de couleurs vives.

« C'est en l'honneur du *luau*, annonça Daniel.

— Dans ce cas nous devrions porter des moumous ou des costumes hola », dit Alice.

Sarah se leva avec un sourire.

« Je vous ai réservé une surprise, mesdemoiselles, suivez-moi. »

Alice et ses amies lui emboîtèrent le pas. Elles montèrent au premier et entrèrent dans la chambre de Sarah qui tendit un moumou à chacune — un blanc pour Alice, un bleu pour Bess, un vert pâle pour Marion.

« C'est Emma qui vous les prête, dit Sarah. Elle a pensé que vous aimeriez les revêtir ce soir.

— Elle est trop gentille! » murmura Bess, tout heureuse.

Les jeunes filles s'habillèrent aussitôt et allèrent remercier Emma. Cela fait, elles rejoignirent les garçons et leur racontèrent l'épisode dramatique qu'elles avaient vécu dans l'après-midi.

« Désormais, je ne te quitte plus d'un pas », déclara Ned à Alice.

Accompagnés d'une servante polynésienne, M. et Mme Armstrong firent bientôt leur apparition. Ils apportaient les mets nécessaires au festin et des *leis* pour chacun des « continentaux ».

« Avant de se mettre au travail, dit M. Armstrong, nos invités prendront plaisir, j'en suis sûr, à voir apprêter le cochon. »

Kiyabu apporta un immense gril couvert de feuilles de bananier. On posa le cochon dessus. Ensuite le régisseur prit une pierre de lave avec les pincettes et la plaça toute chaude dans l'intérieur de l'animal.

Cela fait, on disposa autour des patates douces et des morceaux de poisson enveloppés dans des feuilles de ti.

Lentement, on fit descendre le gril dans la fosse où Kiyabu avait, au préalable, entassé des roches de lave brûlantes. On recouvrit le tout de feuilles de bananier puis de grands sacs mouillés. Enfin, on jeta de la terre dessus.

« C'est ce qu'on appelle le *imu*, ou four, expliqua Mme Armstrong. Le cochon doit cuire quatre heures à l'étuvée. »

Pendant ce temps, les jeunes filles racontèrent les événements de l'après-midi à M. et à Mme Armstrong. Ils demandèrent à visiter la maison où on leur fit voir la table dont le tiroir avait contenu les statuettes anciennes.

« Allons maintenant nous occuper des fleurs pour le *luau* », suggéra Mme Armstrong.

Avec l'aide des jeunes filles, elle cueillit dans le parc des fleurs d'hibiscus rouges, orange, roses, jaunes et pourpres. Puis elle sortit de sa voiture de grandes nattes de *tapa* et les étendit sur le sol, non loin du four où cuisait le cochon.

Sur ces entrefaites, Emma apparut chargée d'ananas, de bananes et de fleurs.

« Je n'ai jamais vu une table aussi joliment décorée! » s'extasia Bess.

Devant chaque place, les Armstrong posèrent une demi-écorce de noix de coco remplie de *poi*. Bess regarda avec dégoût cet amalgame pâteux, collant, à base de racine de *taro*.

Sa mine divertit M. Armstrong.

« Le *poi* n'a pas grande saveur, je vous le concède, mais il faudra que vous en mangiez un peu. »

La servante des Armstrong s'affairait pendant ce

temps à la cuisine; elle écrasait la pulpe de noix de coco et pilonnait les calmars. Ces poissons seraient ensuite grillés au sel de mer et servis avec de la noix de coco écrasée. Emma remplissait des écorces de noix de coco avec du saumon, assaisonné d'oignons et de tomates.

L'obscurité régnait lorsque le cochon fut cuit à point. M. Armstrong planta dans le sol plusieurs torches de noix de *kukui* et les alluma. A la vue des jeunes gens et des jeunes filles qui se rassemblaient autour des nattes, Mme Armstrong eut un large sourire.

« On croirait des Hawaïens, approuva-t-elle. Prenez place, s'il vous plaît. »

Ses invités découvrirent que des cartes avaient été placées parmi les fleurs et les feuilles.

« Oh! nos noms sont écrits en hawaïen! s'exclama Bess. Comment vais-je trouver le mien? »

Alice tenta en vain de déchiffrer le sien.

« J'y renonce, dit-elle. Moi qui croyais avoir un peu de flair! »

Après les avoir laissés chercher quelque peu, Mme Armstrong les conduisit l'un après l'autre à leur place.

Ned fut très heureux de s'asseoir auprès d'Alice, Bob auprès de Marion, quant à Daniel il se déclara enchanté d'avoir Bess pour voisine.

« Comme c'est amusant! » s'écria Alice dont un des principaux charmes était de savourer chaque instant, chaque nouveauté.

En elle-même, elle ajouta :

« Pourvu que rien ne vienne gâter cette merveilleuse soirée! »

Tous s'étaient assis par terre, à la table basse du

luau, et M. Armstrong apporta fièrement le cochon
doré à souhait sur un plateau de bois.

« Kiyabu aurait aimé le présenter à ma place,
mais il a décidé de surveiller les parages pendant la
fête, afin que rien ne la trouble. »

Le plat principal fut apprécié de tous les convives.
Ils en étaient au dessert quand ils entendirent les
sons mélodieux et doux d'une guitare. Levant la tête,
ils virent un homme en costume de satin jaune et
brun s'avancer vers eux. Il était suivi de quatre
danseurs de hula.

« C'est une surprise que nous vous réservions,
expliqua Mme Armstrong à ses invités.

— Vous êtes trop gentille, madame! s'exclama
Bess. Cette soirée est un enchantement! »

Le guitariste salua et sourit, puis il se mit à chan-
ter. Les quatre danseurs commencèrent à se balancer

au rythme de la musique, faisant quelques pas à gauche, quelques pas à droite, levant les bras avec grâce.

La fête se termina trop vite au gré des jeunes gens et de Sarah. Ils remercièrent vivement leurs hôtes en leur disant que jamais ils n'oublieraient ce *luau*.

« Je crois vivre un rêve! fit Bess en levant un regard lumineux vers le ciel étoilé. Cette propriété est un véritable paradis! »

Alice fut heureuse de constater que son amie semblait avoir oublié la peur que lui inspirait Kaluakua et son mystère. Avant d'aller se coucher, elle fit le tour de la maison en compagnie de Ned et s'entretint avec Kiyabu. Le régisseur refusa d'aller prendre du repos : il voulait patrouiller toute la nuit dans le domaine.

« Je viendrai vous relever dans trois heures, voulez-vous? » proposa Ned.

Kiyabu déclina l'offre.

Le lendemain, au petit déjeuner, le régisseur leur apprit que tout avait été calme; peut-être les intrus s'étaient-ils découragés?

« Alice, es-tu prête? N'oublie pas que nous devons faire quelques plongées ce matin », dit Ned une heure plus tard.

Alice courut à sa chambre, enfila un costume de bain et rejoignit Ned sur la plage. Il lui ajusta le masque transparent sur la tête, lui attacha la bouteille d'oxygène sur le dos, et la jeune fille fixa les palmes à ses pieds.

Ned s'harnacha ensuite et ils nagèrent ensemble. Quand ils parvinrent en eau plus profonde, ils plongèrent. Alice ne se lassait pas d'observer les myriades de petits poissons multicolores qui évoluaient autour d'elle.

Enfin, ils aperçurent une grotte et s'arrêtèrent pour contempler à l'entrée un poulpe de taille modeste agitant ses tentacules. Tout occupée à le regarder manœuvrer et saisir ses proies, Alice ne vit pas un grand poisson s'avancer vers elle.

Comme elle se retournait, elle fut frappée d'horreur : mâchoires ouvertes, l'énorme bête n'était qu'à deux ou trois mètres d'elle. Un requin mangeur d'hommes!

Au même moment Ned vit le monstre; il donna à Alice une violente poussée vers le haut et la suivit. Ils plongèrent, se retournèrent, remontèrent, jusqu'à ce qu'ils eussent réussi à semer le requin. Revenus à la surface, ils se précipitèrent vers le rivage non sans cesser de jeter des coups d'œil en arrière afin de s'assurer qu'ils ne couraient plus aucun danger.

Epuisés, le cœur battant à se rompre, ils reprirent enfin pied sur le sable où ils se laissèrent tomber. Bientôt, ils furent rejoints par Kiyabu, Bob, Marion, Bess et Daniel. Quand ils purent parler, Alice et Ned racontèrent leur mésaventure.

Pendant le récit, Kiyabu regardait au large. Enfin il dit :

« Je m'en voudrais d'avoir l'air de minimiser votre courage, mais dans les eaux territoriales d'Hawaï il n'y a pas de requins mangeurs d'hommes. Ils sont tous inoffensifs.

— Oh! là! là! gémit Ned. Comme je me sens bête! Bah! On a toujours quelque chose à apprendre dans la vie.

— Il se peut qu'il n'y ait pas de requins mangeurs d'hommes à Hawaï, mais il y a des hommes-requins », intervint Marion.

Elle raconta qu'en l'absence d'Alice, un homme inconnu de Kiyabu et d'Emma était venu. Il avait

prétendu être antiquaire et s'était recommandé de
M. Uni. Il désirait acheter des objets précieux.

« Les sommes qu'il proposait étaient ridiculement
faibles », précisa Marion.

Bob déclara que, selon lui, cet homme n'était pas
un antiquaire.

« Ce doit être un membre des Double Scorps
envoyé pour nous espionner. »

Cette information troubla Alice. Se levant d'un
bond, elle déclara :

« Fini de jouer! Je ne suis pas ici pour me divertir.
Au travail, les paresseux! »

Le visage de Bess s'épanouit en un large sourire.

« Pendant que vous vous amusiez, Ned et toi,
Daniel et moi, nous avons procédé à des investi-
gations, annonça-t-elle fièrement. Attends d'en connaître le résultat! »

CHAPITRE XV

LE SECRET DE L'ÉPÉE D'ARGENT

ALICE PRIT UNE DOUCHE, revêtit une robe légère et rejoignit ses amis dans le parc. Bess commença son récit :

« Nous avions décidé de te faire une surprise. Nous ne cessions de penser à cette femme qui semblait sortir de dessous le pavillon. Cela nous a donné l'idée de chercher une ouverture secrète.

— Et nous l'avons trouvée! s'écria Daniel, incapable de se contenir plus longtemps. Nous avons bien mérité d'être membres à part entière de ton équipe de détectives, Alice.

« — Il y a une porte très astucieusement dissimulée dans les fondations, reprit Bess. Elle bascule vers l'intérieur, sur un gond. On l'avait laissée entrouverte : une fissure à peine. »

Cette nouvelle enchanta Alice.

« Avez-vous remarqué autre chose sous le pavillon?

— Oui, répondit Daniel. Il y a un espace d'environ un mètre entre le sol et le pavement du pavillon. J'ai creusé la terre jusqu'à ce que je tombe sur ceci. »

Le jeune homme alla vers un buisson proche et en sortit un petit coffre de métal. Ayant ouvert le couvercle, il prit un morceau de papier et le montra aux autres; on y voyait le dessin d'une plante et deux symboles identiques, joints à la base, qui ressemblaient un peu à des hommes.

Alice les examina.

« Par exemple! fit-elle, c'est l'esquisse d'une plante appelée l'épée d'argent. Le cratère de Haleakala, sur l'île de Maui, est le seul endroit au monde où elle pousse.

— Tu as raison, répondit Bob, mais à un cheveu près; il y a aussi des épées d'argent dans les parties les plus dénudées de l'île Hawaï.

— Quoi qu'il en soit, c'est un indice sérieux, dit Alice. Avez-vous découvert la signification de ces symboles? »

Marion eut avant de parler un sourire avantageux :

« Oui, et c'est ici que j'interviens pour apporter ma très modeste contribution à cette découverte. Le symbole signifie *nakanata*, mot qui désigne un homme chez les Polynésiens. Je me suis informée auprès de Kiyabu; il a cherché et trouvé un livre où les anciens symboles en usage dans les îles du

Pacifique sont reproduits, accompagnés de leur traduction. »

Alice était aux anges.

« Bravo! vous avez merveilleusement travaillé! Je vous propose d'aller au cratère d'Haleakala et d'exploiter cet indice. Il se peut que le vieux M. Sakamaki ait imaginé une véritable course au trésor. »

Elle examina de nouveau le dessin.

« Je crois que ces deux petits personnages vont nous permettre de franchir une nouvelle étape dans la découverte du secret de Kaluakua.

— Tu veux dire que c'est une invitation à nous rendre au cratère? » demanda Bess.

Alice fit un signe de tête affirmatif.

Ned, qui n'avait pas encore pris la parole, dit enfin :

« La femme en moumou blanc, qui a rampé sous le Pavillon d'Or, n'aurait-elle pas enterré elle-même le coffret, auquel cas ce ne serait qu'un piège?

— Pourquoi l'aurait-elle fait? s'étonna Bess.

— Dans l'espoir d'éloigner Alice de Kaluakua, répondit Ned.

— Elle ne l'aurait pas aussi bien caché, fit remarquer Marion.

— Rappelle-toi la porte entrouverte », répliqua Alice.

Les jeunes gens discutèrent un bon moment sans parvenir à se mettre d'accord. Enfin ils appelèrent Kiyabu et lui demandèrent son opinion.

« Je suis sûr que c'est M. Sakamaki qui a caché le coffret, répondit le Hawaïen. C'était un homme très cultivé et qui aimait plaisanter. Il s'est sans doute diverti à éparpiller les pièces du puzzle, laissant à son petit-fils le soin de les rassembler.

— Voilà qui me convainc, déclara Alice. Je vais au cratère d'Haleakala. Qui m'accompagne ? »

Chacun voulut être de la partie, y compris Sarah. Kiyabu proposa de se charger de louer des places dans un avion et de retenir des chambres dans un hôtel. Il téléphonerait également à l'aérodrome de Maui et demanderait qu'un guide et une voiture soient mis à la disposition des voyageurs.

« C'est un guide qui connaît les montagnes et l'histoire des volcans, expliqua Kiyabu. Il s'appelle Moki Kuano. »

Peu après, le régisseur annonçait au groupe que la réservation des places pour le lendemain après-midi était chose faite.

Ils déjeunèrent dans le jardin. Comme ils se reposaient, Kiyabu vint les retrouver.

« Le bureau de poste a transmis un message de votre père, dit-il à Alice. Il arrivera demain matin à l'aéroport. Voulez-vous que j'aille à sa rencontre?

— Non, merci, répondit Alice, j'irai le chercher moi-même. Je suis si contente de le revoir! »

Ned proposa d'accompagner Alice. Ils quittèrent Kaluakua le lendemain matin avant le petit déjeuner.

L'avion apparut dans le ciel à l'heure exacte, et les jeunes gens le regardèrent atterrir lentement. Alice avait acheté un lei de fleurs de plumiera rouge vif et elle attendait près de la barrière, très impatiente de l'offrir à son père.

Les passagers débarquèrent. Un à un ils se présentèrent à la sortie, mais M. Roy ne se montrait toujours pas. Enfin, le pilote, le copilote, le steward et l'hôtesse descendirent la passerelle.

« Papa n'est pas venu! s'exclama Alice. Pourvu qu'il n'ait pas eu d'ennuis! »

Ned ne voulut pas lui montrer qu'il partageait son inquiétude, et ce fut d'un ton allègre qu'il répondit :

« Un message t'attend sans doute au bureau de l'aéroport, ou un télégramme à Kaluakua. Ne l'as-tu pas deviné, chère détective? »

Ensemble ils se rendirent à l'intérieur du bâtiment et s'informèrent auprès de différents employés de l'administration. Personne n'avait entendu parler de M. Roy. Alice téléphona à Kaluakua et demanda si son père avait appelé ou télégraphié. La réponse fut négative.

La jeune fille se dirigea alors vers l'hôtesse chargée des réservations.

« Pourriez-vous me dire si mon père, M. Roy, avait retenu une place qu'il aurait ensuite annulée? »

L'employée fit deux appels téléphoniques et répondit que l'avocat avait d'abord annulé sa réservation, puis l'avait confirmée.

« Toutefois, il ne s'est pas présenté à l'heure du départ et n'a pas retiré son billet, ajouta-t-elle; celui-ci a donc été vendu à une autre personne au dernier moment.

— Voilà qui ne ressemble pas à papa, dit Alice comme ils s'en allaient. Je vais téléphoner à M. Sakamaki. »

De l'aéroport, elle demanda le numéro du Hawaïen. Ce fut M. Sakamaki lui-même qui répondit. Après avoir écouté Alice, il garda le silence une minute.

« Votre père n'a fait allusion devant moi à aucun changement dans son programme, dit-il enfin. Mais ne vous tourmentez pas : je vais téléphoner à un détective privé de Los Angeles en qui j'ai toute confiance et le prier de rechercher M. Roy. Dès que je saurai quelque chose, je vous appellerai à Kaluakua. »

Les deux jeunes gens se hâtèrent de regagner la propriété. La première personne qu'ils rencontrèrent fut Sarah qui, les voyant seuls, s'inquiéta.

Elle apprit avec soulagement qu'un détective allait aussitôt se mettre à la recherche de l'avocat. Malgré cela, un sentiment d'angoisse, de tristesse, s'appesantit sur Kaluakua. Les jeunes gens ne parlaient qu'à voix basse et les rires ne fusaient plus à tout propos.

« Ne devrions-nous pas annuler nos réservations pour Maui? demanda Ned à Alice comme l'heure du déjeuner approchait.

— Attendons encore », répondit-elle.

A ce moment la sonnerie du téléphone se fit entendre. Alice courut à l'appareil, empoigna le récepteur d'une main qui tremblait. Tous s'étaient levés de leurs sièges et, l'expression soucieuse, s'avancèrent sur la pointe des pieds. Quel soulagement lorsque Alice cria : « Papa! »

Une longue conversation, ou plutôt un long monologue suivit. Alice se bornait à hocher la tête, enfin elle dit au revoir à son père et se tourna vers Sarah et ses amis.

« Ce détective de Los Angeles est du vif-argent, dit-elle, admirative. Il a trouvé papa, et cela bien qu'il ait changé d'hôtel. Il a également appris qu'un imposteur, membre des Double Scorps, utilisait le nom de James Roy. Se faisant passer pour papa, il a annulé le télégramme que celui-ci m'avait envoyé afin de me prévenir qu'il retardait son voyage. Ensuite, il a réservé de nouveau la place à laquelle papa avait renoncé. Et comme papa n'a pas pris son billet, cet individu l'a acheté au dernier moment à l'aéroport et l'a utilisé.

— Quel bonheur que M. Roy soit sain et sauf! soupira Sarah. Combien de temps compte-t-il rester à Los Angeles?

— Il a promis de venir dès notre retour de l'île de Maui », répondit Alice.

Comme elle achevait ces mots, elle entendit une voiture monter l'avenue intérieure. Intrigués, ses amis et elle se précipitèrent sur le perron pour voir quels étaient les nouveaux arrivants.

« Par exemple! murmura Bess. Jane Bradfield et Fred Chatley! »

Le frère et la sœur descendirent d'auto. Ils adressèrent des sourires hypocrites aux « continentaux » puis, sans daigner leur fournir la moindre explication, ils ouvrirent le coffre arrière de l'automobile.

Fred en sortit plusieurs valises. Il en prit deux et les porta sur le perron. Se tournant vers Ned, il dit :

« Voudriez-vous m'aider à monter les autres? »

Alice s'était avancée.

« Nous... nous sommes très heureux de vous voir, mais pourquoi ces bagages? »

Jane gravissait les marches sans se presser.

« Nous venons nous installer ici », annonça-t-elle tranquillement.

La surprise se peignit sur les visages d'Alice, de Sarah et de leurs amis. Alice réussit à garder son sang-froid.

« Vous avez l'intention de rester? M. Sakamaki vous aurait-il invités?

— Certes non, répondit Jane Bradfield. Nous n'avons nullement besoin de son invitation. Une chose est certaine, nous avons plus le droit d'être ici que vous autres. Inutile de protester, cela ne servirait à rien.

— Et en outre, ajouta son frère grossièrement, plus vite vous partirez d'ici, mieux cela vaudra! Votre présence nous importune! »

Fred en sortit plusieurs valises. →

CHAPITRE XVI

LE SPECTRE

COMPLÈTEMENT ABASOURDIS par cette déclaration, Alice et ses amis semblaient avoir pris racine sur place. Ils ne parvenaient pas à croire ce qu'ils venaient d'entendre. Le frère et la sœur prenaient possession des lieux et les invitaient à déguerpir!

« Eh bien, vous autres, allez-vous oui ou non m'aider à transporter nos valises? » demanda Fred avec une morgue insoutenable.

Alice retrouva sa voix et présenta Sarah et les jeunes gens. Ned s'avança et, à la fois ferme et courtois, déclara :

« Je vous aiderai avec plaisir à monter vos bagages

dès que l'on nous aura dit ce qu'il convient de faire. »

Jane le foudroya du regard.

Alice venait de prendre sa décision. Elle courut dans le vestibule et monta quatre à quatre l'escalier conduisant à la chambre du vieux M. Sakamaki. A côté se trouvait un petit bureau avec le téléphone. Elle ferma la porte et appela M. Lacow, l'exécuteur testamentaire.

Quand la jeune fille lui eut dit quelle nouvelle tournure prenaient les événements, il poussa une exclamation de surprise.

« Voilà qui ne va pas simplifier les choses, remarqua-t-il. Il nous est légalement impossible d'interdire l'accès de la propriété à Mme Bradfield et à son frère. Ils ont autant le droit d'y résider que votre ami M. Sakamaki ou toute personne qu'il y invite. Et cela aussi longtemps que l'affaire ne sera pas réglée.

— Hélas! Je crois que vous avez raison, convint Alice. Eh bien, espérons qu'ils ne se montreront pas trop odieux! »

M. Lacow poussa un soupir qui en disait long.

« Pas plus tard que ce matin, dit-il, j'ai étudié les titres présentés par Mme Bradfield et par son frère. Je n'y ai rien trouvé de contestable. Parmi les documents, il y a une photographie de la tombe de la première femme du vieux M. Sakamaki, c'est-à-dire de leur grand-père. D'autres papiers laissent apparaître que cette femme avait un enfant : une fille. Il y a également des photographies représentant la première femme de M. Sakamaki entourée de ses petits-enfants dans lesquels on retrouve les traits de Jane et de Fred. »

Alice resta pensive. Certes, il y avait de quoi être impressionné.

« Tous ces documents semblent constituer une preuve irréfutable de leur filiation, dit-elle.

— Oui, acquiesça M. Lacow. Autre chose encore : M. Chatley m'a apporté une vieille lettre écrite par sa grand-mère à un ami; elle lui raconte que son mari l'a abandonnée peu après la naissance de sa fille et qu'il habite désormais à Honolulu.

— Oui. Cela paraît très plausible, reprit Alice. Ecoutez, monsieur, mon père est à Los Angeles où il s'efforce de vérifier cette histoire. Il se peut qu'il découvre des faits démentant les allégations des Chatley. »

Alice mit ensuite M. Lacow au courant de leur projet de se rendre au cratère de Haleakala. Elle raconta l'épisode du coffret métallique et décrivit les dessins trouvés à l'intérieur.

« Comme c'est intéressant! fit l'exécuteur testamentaire.

— Oui et non, dit Alice. Il se peut qu'il s'agisse aussi d'une ruse. Cependant, j'ai l'intuition que c'est un nouveau pas en avant dans la solution du mystère de Kaluakua. Je projette de partir avec mes amis aujourd'hui, mais je répugne à l'idée de laisser Fred Chatley et sa sœur libres d'aller et venir à leur guise dans le domaine.

— Je le conçois aisément. Partez sans arrière-pensée. Je vais envoyer un détective privé, John Jerral, avec mission de surveiller la maison en votre absence. »

Alice fut soulagée.

« Merci beaucoup. Mieux vaut sans doute laisser ignorer aux Chatley sa profession réelle.

— Oui, convint M. Lacow. John Jerral est de taille moyenne et il a un léger embonpoint. Je le prierai de mettre une cravate verte. Vous n'aurez ainsi aucune peine à le reconnaître. Au revoir, mademoiselle, et bon succès dans vos recherches! »

Alice traversa le bureau puis la chambre à coucher de M. Sakamaki et se retrouva dans le couloir. Elle se heurta à Jane et à son frère. La jeune femme portait deux petites valises, son frère deux grandes. Ils les laissèrent tomber à terre.

« Fred, dit Jane, je vais visiter les chambres afin de choisir celles que nous occuperons, toi et moi.

— La plupart sont déjà prises, intervint Alice. Voulez-vous que je vous en montre deux qui sont libres?

— Je vous remercie, répondit Jane avec hauteur. Je déciderai moi-même. Etant donné que cette maison nous appartient en partie, j'estime avoir le droit de dormir où bon me semble! »

Alice n'avait aucune envie d'entamer une inutile querelle. Ses amis et elle s'en iraient dans une heure et resteraient absents quelque temps. A leur retour, M. Roy serait là; alors elle se conformerait à son avis.

Sur un ton naturel, Alice dit aux Chatley que Sarah, ses amis et elle-même partaient en excursion à Maui. A cette nouvelle, les visages du frère et de la sœur s'éclairèrent; ils se rembrunirent en entendant Alice ajouter :

« Kaluakua va recevoir un nouvel hôte. Il s'appelle John Jerral et il arrivera sous peu. C'est un homme très agréable dont vous apprécierez la compagnie. C'est un ami de M. Sakamaki, un homme bien informé. Si vous l'en priez, il vous racontera l'histoire des îles Hawaï et leurs légendes. »

Laissant à M. Jerral le soin de satisfaire la curiosité de Fred, Alice descendit au rez-de-chaussée. Elle rapporta rapidement aux autres sa conversation avec l'exécuteur testamentaire et leur annonça l'arrivée de John Jerral.

« Je me suis gardée de dire à Jane et à Fred quelle était sa profession. »

Bess se mit à rire.

« Et nous ne te trahirons pas. Je vais en informer tout de suite Kiyabu et Emma.

— Moi, je préfère aller d'abord chercher mon portefeuille dans ma chambre, décréta Marion, et je vous conseille d'en faire autant, sinon Fred risque de décider qu'ils font partie de l'héritage! »

Tous coururent au premier étage et regardèrent les nouveaux arrivants choisir leurs chambres.

Fred opta pour celle que Ned occupait et sans ménagement la débarrassa de son contenu. C'était la pièce la plus spacieuse de l'étage, et Alice avait projeté d'y loger ensemble son père et Ned. Que faire, sinon se résigner?

« Quant à moi, je vais m'installer dans celle-ci, annonça Jane en s'immobilisant sur le seuil de la chambre où couchaient Sarah et Alice. Je serais reconnaissante à celles qui ont cru bon de s'en emparer de la libérer du fatras qui l'encombre. »

Alice dissimula sa mauvaise humeur et ne protesta pas. Sans mot dire, Bess et Marion l'aidèrent à transporter ses affaires et celles de Sarah dans une pièce plus petite, à l'autre bout du couloir.

Comme Marion suspendait la dernière robe dans un placard, elle dit, les yeux flambants de colère :

« Avez-vous remarqué que ces deux individus ont porté leur choix sur les chambres d'où l'on peut surveiller tout ce qui se passe?

— Oui, et nous surveiller par la même occasion », ajouta Bess.

Alice jeta un coup d'œil à sa montre et dit :

« Dépêchons-nous d'aller déjeuner et de nous mettre en route, sinon nous manquerons l'avion. »

Quelques minutes plus tard, ils étaient tous prêts à partir. Déjà, les valises étaient entassées dans le coffre. Alice hésitait à monter. Inquiète, elle guettait l'arrivée de M. Jerral. Comment se faisait-il qu'il ne fût pas encore là? Kiyabu et Emma avaient besoin d'être soutenus par un détective de métier.

Fort heureusement ses craintes s'effacèrent à la vue d'une voiture qui s'engageait dans l'avenue intérieure de la propriété. Au volant se tenait un homme de taille moyenne : il portait une cravate verte. Il s'arrêta, descendit et alla au-devant d'Alice. La jeune fille lui raconta à voix basse ce qui s'était passé et ajouta que les Chatley ignoraient sa profession.

« Parfait! » murmura-t-il.

Et, à voix haute, il cria en s'éloignant :

« Vous aimerez beaucoup l'île de Maui. Elle est très belle. Amusez-vous bien! »

Une heure plus tard, le groupe volait vers sa nouvelle destination. Assis l'un à côté de l'autre, Alice et Ned ne tardèrent pas à revenir à leur préoccupation majeure. Ils passèrent en revue les divers aspects du mystère.

« Que veut dire, selon toi, le symbole *na kanata*? demanda Alice.

— Statuettes, répliqua-t-il. Peut-être y a-t-il deux statuettes de grande valeur enterrées près d'une de ces plantes surnommées épées d'argent? »

Alice parut chercher une réponse dans l'eau bleuvert qui s'étendait au-dessous d'eux. Elle songeait qu'une épée d'argent ne fleurit qu'une fois, puis meurt. Il était peu probable que le vieux M. Sakamaki ait choisi d'enfouir des objets précieux près d'une plante éphémère.

« Pourquoi tiens-tu à connaître mon opinion? dit Ned, taquin. Je suis persuadé que tu en as une. Ne me fais pas languir, dis-la.

— Il me semble que ces deux symboles identiques représentent deux frères, des jumeaux.

— C'est une hypothèse. Mais où mène-t-elle? »

Alice dut reconnaître qu'elle n'en savait rien.

« Maui n'est pas une île très grande, fit-elle, rêveuse; elle n'est pas petite non plus. Trouver les deux hommes — si mon interprétation de ce dessin est juste — ne sera pas chose facile. »

Quarante minutes plus tard, le pilote posait son appareil sur la piste de l'aérodrome d'Hana. Un Polynésien souriant se porta à la rencontre des voyageurs et se présenta : Moki Kuano.

« Désirez-vous aller d'abord à votre hôtel ou préférez-vous que je vous emmène tout de suite au volcan? demanda-t-il.

— Que nous conseillez-vous?

— De commencer par aller voir le volcan. La route est longue, cependant nous devrions arriver à temps pour le coucher du soleil et, la chance aidant, vous verrez peut-être le spectre de Brocken.

— Qu'est-ce que c'est? s'informa Bob.

— Un phénomène que l'on peut contempler du bord du cratère quand les nuages l'emplissent. On voit sa propre image dans un arc-en-ciel qui les entoure.

— Ce doit être impressionnant et merveilleux! » fit Bess.

Moki proposa aux voyageurs de déposer leurs bagages à la consigne. Cette proposition fut agréée par tous car, comme ils étaient huit, il aurait été impossible de charger la voiture davantage.

« Le volcan se dresse à près de quatre mille mètres au-dessus du niveau de la mer, n'est-ce pas? demanda Ned. Votre voiture pourra-t-elle nous monter tous jusque-là? »

Moki se mit à rire.

« Entassez-vous dedans et ne vous inquiétez pas! »

Non sans mal, chacun trouva une place relativement confortable et Moki démarra. Hana, centre culturel de l'ancienne Hawaï, charma les visiteurs. Des arbres centenaires ombrageaient ses rues et ses places. Il semblait y faire bon vivre. Moki apprit aux jeunes gens que de nombreux professeurs ou spécialistes en volcanologie et en folklore polynésien venaient s'y retirer après avoir pris leur retraite.

« Il se peut que deux hommes habitant l'île soient en mesure de m'aider à élucider ce mystère! » se dit Alice, très excitée par cette perspective.

Moki détourna l'attention d'Alice en tendant la main vers une admirable chute d'eau, et elle s'étonna d'être restée si longtemps absorbée. Déjà, ils étaient très loin de la ville.

En gravissant la colline, ils longèrent des champs de cannes à sucre et d'ananas, mais dans l'ensemble l'élevage prédominait et le bétail broutait une herbe luxuriante. A quelque distance du sommet, Moki arrêta la voiture.

« Je vais vous montrer une épée d'argent », dit-il.

Ils descendirent de voiture et le suivirent vers le bas d'une petite déclivité. Le sol était rocheux et caillouteux. Devant eux, ils virent la plante la plus surprenante qu'on puisse imaginer. Elle avait près de trois mètres de hauteur. De la base de la tige partaient une multitude de feuilles couvertes de poils, semblables à de fines épées d'argent. Moki expliqua aux voyageurs que ces poils préservaient la plante de l'ardeur du soleil et empêchaient une trop grande déperdition d'eau. L'abondante floraison se faisait tout en haut. Du sommet de la tige s'élevaient des centaines de fleurs pourpres et jaunes ainsi qu'un feuillage vert.

« Quelle merveille! s'exclama Sarah. Cette plante mérite à elle seule que l'on franchisse des kilomètres pour la contempler! »

Moki dit à ses passagers qu'ils pouvaient s'estimer heureux, car ce n'était pas un endroit où l'on trouvait d'ordinaire les épées d'argent. Il ajouta que celle-ci avait eu la coquetterie de s'installer à l'écart du cratère, afin que tous ceux qui passaient sur la route pussent l'admirer; ce que Sarah et ses compagnons ne se lassaient pas de faire.

Le guide rappela les voyageurs à la réalité : il était temps de poursuivre l'excursion. La voiture se remit à gravir la montagne et finalement parvint au sommet; Alice et ses amis se rendirent alors auprès du cratère et demeurèrent sans voix devant la beauté du spectacle qui s'offrait à leur vue. Un garde-fou métallique courait le long du bord; ils s'y agrippèrent et penchèrent la tête vers l'immense dépression. Une partie était couverte d'herbes et de plantes qui poussaient sur le sol de lave. Mais c'étaient surtout les cônes de cendres, certains hauts de vingt-cinq à trente mètres, qui retenaient le regard. Moki leur apprit qu'ils étaient le résultat d'éruptions volcaniques. Un soleil couchant d'un rouge vif baignait la scène de sa lumière éblouissante.

Pendant un long moment tous demeurèrent silencieux; ils écoutaient les explications de Moki : le cratère mesurait environ dix kilomètres de long sur trois de large. Ils étaient si intéressés qu'ils ne virent pas des nuages s'assembler au-dessus du cratère et le remplir en quelques minutes tandis qu'un arc-en-ciel les encerclait totalement.

« Oh! regardez! s'écria Bess. On voit, au milieu, mon image réfléchie.

— Tu as l'air d'un fantôme », remarqua Bob.

Chacun se voyait reflété dans les nuages.

Très intriguées par le phénomène, Alice et Marion s'éloignèrent sur la falaise, au-delà du garde-fou, pour mieux l'observer.

Marion marchait en tête. Elle regardait les nuages sans prendre garde à l'endroit où elle posait les pieds. Tout à coup elle perdit l'équilibre.

Rapide comme l'éclair, Alice bondit en avant et saisit Marion par un pan de sa jupe. Mais le poids de son amie les entraîna toutes deux vers la pente.

CHAPITRE XVII

OISEAUX DE VOLCAN

A L'INSTANT MÊME OÙ les deux jeunes filles commençaient à rouler vers le bas de la falaise, les trois garçons bondirent à leur secours. En une seconde ils furent près d'elles, se retenant aux herbes hautes. D'une voix entrecoupée ils demandèrent à Marion et à Alice si elles n'étaient pas blessées.

Bientôt ils furent en sécurité tous les cinq. Alice et son amie avaient été tellement secouées par l'émotion que la décision fut prise, d'un commun accord, de gagner le motel situé aux abords de Hana et où des chambres avaient été retenues par les soins de Moki. Il faisait presque nuit quand ils arrivèrent à la charmante auberge de montagne composée de chalets rustiques.

Le dîner était prêt, ce qui amena un sourire sur les lèvres de Bess.

Au centre de la table des gardénias baignaient dans une coupe taillée dans du bois de lécythide. Devant chaque convive il y avait une grande tranche de papaye recouverte de morceaux d'ananas, de bananes, de mangues et parsemée de noix de coco râpée.

« Ces fruits tropicaux vont me manquer quand je serai à Emerson, dit Bob en riant. Vous imaginez-vous nos repas au collège débutant par une entrée comme celle-ci? »

Ned et Daniel firent la grimace.

« Notre ordinaire commence en général par une soupe aux haricots », dit Daniel.

Taquineries et rires agrémentèrent le repas. Aussitôt après, Alice reprit son sérieux. Elle confia à ses amis qu'elle avait beaucoup réfléchi au dessin trouvé dans le coffret. Ces deux hommes — des jumeaux peut-être — ne seraient-ils pas des habitants d'Hana, spécialisés dans l'étude des épées d'argent?

Priant ses compagnons de l'excuser, elle quitta la salle du restaurant et demanda au réceptionniste s'il ne connaîtrait pas des gens qui porteraient un intérêt particulier à ces plantes. Sa réponse fut négative mais, dit-il, il se pouvait que le directeur, M. Black, en connût. Il fit entrer Alice dans un bureau et la présenta au directeur.

La jeune fille posa de nouveau la question. M. Black n'hésita pas une seconde.

« Oui, il y a deux savants qui ont consacré leur vie à l'étude des épées d'argent. Ils sont jumeaux et ont acquis une grande renommée comme botanistes. Ils s'appellent Anderson. »

Alice eut du mal à ne pas sauter de joie. Ce renseignement allait lui permettre de franchir une nouvelle étape dans la découverte du fameux secret.

« Les frères Anderson ont pris leur retraite depuis quelques années, poursuivit M. Black. Mais ils sont très sociables, et toujours heureux de se mettre à la disposition de visiteurs.

— S'ils ont le téléphone, dit Alice, je pourrais peut-être les appeler et prendre rendez-vous avec eux? »

Le directeur feuilleta un annuaire téléphonique, trouva le numéro et le composa sur le cadran de son appareil. Puis il tendit l'écouteur à Alice. A l'autre bout du fil une voix profonde s'éleva.

« Ici, Nils Anderson.

— Je suis M. Black, dit le directeur. Une de nos clientes, Mlle Roy, aimerait vous parler. »

Il tendit le combiné à Alice.

« Bonjour, monsieur, dit-elle. Je m'appelle Alice Roy et je viens de River City, sur le continent. Connaissiez-vous à Honolulu M. Nikkio Sakamaki, de Kaluakua?

— Oui, mon frère et moi l'appréciions beaucoup, répondit Nils Anderson.

— Me permettriez-vous en ce cas de vous rendre visite? Mon père est avocat, il défend les intérêts du petit-fils de M. Sakamaki. Or, des difficultés se sont élevées au sujet de l'héritage, et le domaine est le théâtre d'événements singuliers. Je crois que vous seriez en mesure de nous aider. »

Le professeur Anderson fit entendre un léger rire.

« J'aime ce qui est mystérieux, aussi est-ce avec plaisir que je vous recevrai. Vous serait-il possible de venir demain matin vers neuf heures trente? »

Alice accepta d'enthousiasme et, un peu plus tard, pria Ned de l'accompagner.

Après une nuit reposante et un agréable petit déjeuner, les deux amis se mirent en route et arrivèrent à l'heure exacte au chalet habité par les deux frères. Leur ressemblance les stupéfia. Agés de soixante-dix ans environ, ils avaient fière allure avec leurs cheveux blancs, leurs yeux pétillants d'intelligence et de malice, leur teint hâlé. Ils étaient grands tous les deux et se tenaient très droits.

Alice et Ned s'étant présentés, Ned apprit aux Anderson que la jeune fille se livrait à une enquête pour le compte de son père au sujet de l'héritage du vieux M. Sakamaki.

Ensuite les deux professeurs déclinèrent leurs qualités : Nils était botaniste, Martin zoologue.

« Nous sommes originaires de Californie, précisa Martin, mais nous avons longtemps vécu à Honolulu où nous donnions des cours à l'université. »

Nils reprit la parole :

« Nous avons fait la connaissance de M. Sakamaki, de Kaluakua, parce qu'il s'intéressait beaucoup aux sciences. Très cultivé, il se passionnait en particulier pour la branche dont je m'occupais. Une amitié profonde se développa entre nous trois, et nous nous voyions très souvent. Au bout de quelques années, Martin et moi, nous avons décidé de nous transporter à Hana où nous voulions étudier l'épée d'argent. Nous avons vivement regretté de nous séparer de M. Sakamaki. »

Alice fournit alors quelques détails sur les relations de son père et de M. Sakamaki jeune, et expliqua comment elle en était venue à s'intéresser elle-même à cette affaire embrouillée.

« Nous avons essayé d'élucider le mystère qui pèse sur Kaluakua, dit-elle, et nous sommes tombés sur un nouvel indice. »

Elle résuma les circonstances de la découverte du coffret et tendit aux jumeaux la reproduction des symboles.

« Est-ce qu'ils vous désignent? » demanda-t-elle en souriant.

Ni l'un ni l'autre ne répondirent. Un long moment, ils se regardèrent sans parler avant de se décider à répondre. Enfin Nils prit la parole.

« Nikkio Sakamaki était un homme très gai, il aimait s'amuser et affectionnait les vieux dictons orientaux dont la sagesse l'emplissait d'admiration. Il réfléchissait souvent au mystère de Kaluakua et ne cessait d'exprimer le désir que son héritier en trouvât la solution.

— Si l'un des indices qu'il a mis sur la route de son petit-fils menait à vous, n'est-ce pas parce que vous pouvez nous en révéler quelque chose? » demanda Alice.

Martin sourit.

« Vous avez deviné juste, mademoiselle. Nikkio nous a dit que, si quelqu'un posait des questions semblables à celles que vous venez de formuler, nous devions répondre : « Observez les oiseaux-« anges au-dessus de Mauna Loa. »

— Observez les oiseaux-anges au-dessus de Mauna Loa, répéta Alice. S'agit-il du volcan du même nom? »

Les deux professeurs se regardèrent.

« Nous avons reçu l'instruction de ne pas en dire davantage », répondit Nils.

Alice comprit qu'il serait inutile d'insister. Elle changea de sujet de conversation et voulut savoir si Nikkio Sakamaki avait fait allusion devant les Anderson à une femme et un enfant qu'il aurait eus en Californie.

« Non, jamais, répondit Nils. Je crois d'ailleurs qu'il n'a passé que quelques jours en Californie avant de venir à Honolulu. »

En entendant cela, Alice faillit sauter de joie.

« C'est un renseignement très précieux, dit-elle. Un frère et une sœur, venant de Californie, sont arrivés depuis peu à Honolulu pour réclamer les deux tiers de l'héritage. Ils prétendent être les petits-enfants de M. Sakamaki. »

Une fois de plus, les deux frères se consultèrent du regard avant de parler.

« Cette histoire nous surprend beaucoup, déclara enfin Nils Anderson. Je crois être en mesure de vous aider à prouver que ces deux personnes ne sont que des imposteurs. »

Nils Anderson poursuivit en disant que le vieux M. Sakamaki lui avait remis plusieurs lettres contenant des précisions au sujet de fleurs japonaises appartenant à des espèces très rares.

« Ces lettres avaient été adressées à notre ami Nikkio alors qu'il résidait encore au Japon. Les ayant conservées et n'en ayant plus besoin, il nous les avait remises, puisque nous nous intéressions à la botanique et comprenions le japonais. Si ma mémoire est bonne, les dates de ces lettres permettraient de prouver que M. Sakamaki se trouvait au Japon à l'époque où, selon ces gens, il se serait marié et aurait vécu en Californie.

— Avez-vous ces lettres ici? demanda vivement Alice.

— Non, pas à Hana, répondit Nils Anderson. Quand nous avons déménagé, je les ai mises avec d'autres affaires dans un coffre-fort de notre banque à Honolulu. »

Voyant l'expression dépitée d'Alice et concevant son impatience, il ajouta :

« Je me ferai un plaisir de prendre l'avion à destination d'Honolulu et de consulter ces lettres. Si ce que je crois est exact, je les remettrai comme pièces à conviction à l'exécuteur testamentaire de M. Sakamaki.

— Il vous en sera vivement reconnaissant, dit Alice. Quant à moi, je ne sais comment vous remercier. »

Le professeur Anderson sourit.

« Avant de me mettre en relation avec l'exécuteur testamentaire, je vous téléphonerai. Serez-vous à Kaluakua? »

Un instant, Alice caressa l'idée de rentrer sur-le-champ à Honolulu et d'y attendre son appel. Après réflexion, elle décida d'aller d'abord à Hawaï observer les oiseaux-anges voler au-dessus de Mauna Loa. Elle mit le professeur au courant de son projet, et il fut convenu qu'il retarderait d'un jour son voyage à Honolulu.

Le lendemain matin, Alice téléphona à Kiyabu. Le régisseur lui dit qu'il n'avait reçu ni télégramme ni message d'aucune sorte. M. Roy n'avait pas non plus donné signe de vie.

« Ici, nous n'avons pas eu de chance, continua-t-il. M. Jerral est tombé malade après avoir dîné, le jour même de votre départ. Il est couché depuis. M. Chatley a fait venir un médecin.

— Ce qui signifie que M. Jerral n'a pas pu sur-

veiller les agissements de Fred Chatley et de sa sœur,
fit observer Alice.

— En effet, répondit Kiyabu. Toutefois, je l'ai remplacé de mon mieux, avec l'aide d'Emma.

— Et vos visiteurs s'amusent-ils? »

Une exclamation de dégoût se fit entendre dans
l'écouteur.

« Oh! mademoiselle! Ces gens sont impossibles. Du
matin au soir ils me donnent des ordres! Tous les
jours ils m'envoient à Honolulu! Et si vous saviez
comment ils nous parlent! Et il y a pis encore, ils
ont sans cesse des invités. Tous plus grossiers, plus
rustres les uns que les autres. Ils ont déjà cassé
plusieurs meubles. Emma et moi, nous avons enlevé
le plus grand nombre possible de bibelots. Mais nous
ne pouvons pas empêcher grand-chose. »

Alice voulut dire que ses amies et elle rentreraient
sous peu, mais elle n'en eut pas le temps. Très
excité, Kiyabu parlait vite et fort.

« Ces hommes se livrent à des plaisanteries stupides. Ils réclament des doubles cafés, des doubles
biftecks. L'un d'eux a même exigé des doubles morceaux de savon pour la salle de bain. Et chaque
fois que l'un d'eux prononce une sottise de ce genre,
ils éclatent tous d'un gros rire vulgaire. »

Le pauvre régisseur continua à dévider ses mal-
heurs. Alice ne répondit pas. Une pensée venait de
lui traverser l'esprit et, instinctivement, elle porta la
main à sa gorge.

Jane Bradfield et Fred Chatley entretenaient-ils, en
connaissance de cause, les Double Scorps à Kaluakua?

CHAPITRE XVIII

UNE EXPLOSION

K IYABU continua à se plaindre amèrement des hôtes indésirables de la propriété.

« Ils sont fous. Ils s'amusent à des jeux stupides; ils ont même abîmé plusieurs de mes plantes rares! s'écria-t-il d'une voix désespérée. Pauvre M. Sakamaki! S'il voyait cela, lui qui était si fier de ses fleurs! »

Alice était indignée. Elle songea à M. Jerral. Pourquoi les laissait-il faire? Etait-il malade au point de ne pouvoir intervenir? En ce cas, pourquoi n'avait-il pas demandé à être remplacé?

Une idée lui vint : le détective ne serait-il pas

moins malade qu'il ne le paraissait? Employait-il cette ruse pour détourner les soupçons que les « hôtes » de Kaluakua auraient pu concevoir et les surveillait-il, au contraire, avec beaucoup d'attention? Elle proposa néanmoins au régisseur de rentrer tout de suite à Kaluakua.

« Ce ne sera pas nécessaire, mademoiselle, répondit Kiyabu. Nous nous débrouillerons d'une manière ou d'une autre.

— De toute façon, nous serons de retour demain dans la soirée, promit Alice. Si la situation se détériorait trop, appelez la police. »

Après avoir raccroché, la jeune fille fut prise de scrupules : avait-elle raison de ne pas rentrer immédiatement à Kaluakua? Elle en discuta avec ses amis et Sarah quand elle les eut rejoints; ils l'engagèrent à aller voir les oiseaux-anges évoluer dans l'île Hawaï. Moki et un de ses collègues les conduisirent à l'aéroport.

« J'ai un ami à Hawaï à qui vous pourrez vous adresser, leur dit Moki. Il est propriétaire d'un taxi et, en outre, c'est un excellent guide. A votre arrivée à l'aéroport d'Hilo, demandez Keaka.

— Nous n'y manquerons pas, dit Ned. Merci, Moki. »

Trois quarts d'heure plus tard, en débarquant de l'avion ils prièrent les chauffeurs de taxi d'appeler Keaka. C'était un homme petit, très brun, au visage souriant.

« Oui, je peux vous emmener au volcan et vous consacrer autant de temps que vous le désirez, répondit-il à leur question. Mon ami est très gentil de m'avoir recommandé à vous. »

Les jeunes gens lui ayant appris qu'ils ne pourraient s'attarder au-delà du lendemain après-midi, il leur suggéra de se mettre en route sans tarder. Ils passeraient la nuit à l'hôtel du Volcan et iraient voir Mauna Loa dès leur réveil.

Keaka avait une familiale dans laquelle ils purent tous prendre place.

« Avez-vous entendu parler de notre forêt de fougères? » demanda Keaka.

Ned était au courant : il avait lu quelque part que ces fougères étaient aussi hautes que des arbres.

« Vous en jugerez par vous-mêmes », fit en riant Keaka.

La ville de Hilo bourdonnait d'activité; dans son port des vapeurs déchargeaient leurs cargaisons. Une des parties les plus intéressantes du front de mer était le vaste entrepôt de sucre en vrac.

Keaka proposa aux jeunes gens et à Sarah de le visiter. Il leur fit monter un escalier de fer en colimaçon. Au sommet, un étroit passage circulaire permettait de regarder en bas les immenses cuves remplies de mélasse.

« On peut emmagasiner ici plus de trois cents tonnes de sucre en une heure et charger les cargos à la cadence de six cents tonnes par heure, dit Keata.

— C'est stupéfiant! fit Sarah.

— Une seule de ces cuves contiendrait l'Empire State Building de New York, fit observer Marion.

— En effet! approuva Bob, qui ajouta en souriant : C'est vraiment l'endroit le plus doux du monde.

— Humour plutôt faible! railla Bess. Disons que c'est aussi l'endroit le plus chaud du monde. Allons-nous-en vite, je préfère la fraîcheur de la forêt de fougères. »

Keaka leur fit traverser les jolis quartiers résidentiels, et ils sortirent enfin de la ville. Peu après, la

route commença à monter et, bientôt, ils parvinrent
à un sentier qui s'enfonçait au cœur d'une forêt de
fougères géantes.

« Elles sont aussi hautes que des arbres! s'exclama
Bess. Descendons, je voudrais prendre quelques pho-
tos. »

Les visiteurs mirent pied à terre. Ils marchèrent
un peu dans la forêt. Les fougères arborescentes
étaient très robustes.

Chacun prit des photographies, puis Keaka les
pressa de remonter en voiture. Ils roulèrent à travers forêts et clairières et arrivèrent à une longue
côte qui les mena sur un vaste plateau verdoyant.

« Nous voici devant le cratère de Kilauea »,
annonça le chauffeur.

Il arrêta la voiture sur un côté de la route et proposa aux visiteurs de le suivre. Peu après ils virent
de la vapeur sortir du sol.

« Je vais vous montrer l'eau qui brûle, dit Keaka en prenant un air mystérieux.

— L'eau qui brûle? » répéta Bess.

Keaka se contenta de sourire et les guida vers une fosse circulaire d'environ deux mètres de diamètre. A travers la vapeur, les visiteurs aperçurent de l'eau à quelques mètres au-dessous d'eux.

« Pouah! Quelle affreuse odeur! dit Bess.

— C'est insupportable! » renchérit Bob en se bouchant les narines.

Keaka sourit de nouveau sans mot dire. De sa poche il tira une boîte d'allumettes et en frotta une.

Il jeta l'allumette dans l'eau. Au lieu de s'éteindre, elle provoqua une petite explosion. Les jeunes gens se rejetèrent en arrière tandis que des flammes jaunes et rouges s'élevaient à plus de quatre-vingts centimètres du sol.

« Mais ç'est dangereux! » s'écria Sarah, apeurée.

Alice lui pressa tendrement le bras.

« Rassure-toi, Keaka ne le ferait pas si c'était dangereux. »

Se tournant vers le guide, elle vit qu'il grattait une autre allumette. Il la lança également dans l'eau. De nouveau une explosion se produisit et des flammes jaillirent.

Keaka expliqua que le sulfure d'hydrogène se formait continuellement sous la surface de la terre et s'échappait avec la vapeur d'eau. Dès qu'une flamme entrait en contact avec ces émanations sulfureuses, elles prenaient feu.

« A l'intérieur de la terre, poursuivit Keaka, les roches en fusion contiennent des gaz. Au bout d'un certain temps, si ces gaz ne trouvent pas une issue, il y a pression. Quand la pression devient trop forte, il en résulte une éruption — c'est ce qui se produit de temps à autre à Mauna Loa. Mais ici les issues sont si nombreuses que le gaz s'échappe sans difficulté.

— Vous voulez dire que la pression des gaz force la roche en fusion à exploser et que c'est ainsi que les volcans entrent en éruption?

— Oui, répondit le guide. Si la chance nous favorise, il se peut qu'une éruption se produise à Mauna Loa pendant que nous y serons.

— J'espère bien que non, dit vivement Bess. Je n'ai pas la moindre envie de périr enterrée sous de la lave brûlante! »

Keaka rit de bon cœur et secoua la tête.

« Nous avons sur notre île quelques-uns des plus grands géologues du monde, dit-il. Ils ont le moyen de prévoir quand une éruption sérieuse va se produire et ils nous avertissent. Alors personne n'approche de trop près. »

Malgré ces paroles rassurantes, Bess gardait une expression inquiète. Toutefois, elle consentit à oublier ses peurs après avoir savouré le délicieux repas qui leur fut servi à l'hôtel du Volcan.

Les jeunes gens et Sarah se promenèrent ensuite dans le parc, s'émerveillant de voir, de place en place, la vapeur monter du sol.

« Comme je suis heureuse d'être venue ici! dit Marion à Alice. Contente aussi que Bess ait surmonté sa peur des volcans. Je dois confesser que je ne suis pas tout à fait tranquille, moi non plus. »

Ned avait entendu cette remarque. Il calma ses appréhensions. Un vulcanologue venait, au cours d'une conversation, de lui déclarer qu'il n'y avait aucun danger à craindre ces temps-ci.

« A propos, il nous a invités à aller à son bureau

demain voir les films en couleurs pris lors de la dernière éruption de Mauna Loa.

— Bravo! Ned! Tu n'as pas perdu ton temps, fit Alice. Cela nous intéressera beaucoup. »

Quand Keaka apparut le lendemain matin, Alice le mit au courant de l'invitation qui leur avait été faite. Le guide leur conseilla vivement de se rendre au service de vulcanologie.

Ils assistèrent, pendant plus d'une demi-heure, au déroulement du film le plus fantastique qu'ils eussent jamais contemplé. Des fontaines de lave rouge et jaune jaillissaient très haut puis retombaient pareilles à un fleuve brûlant dans la mer. En se rejoignant, l'eau et la lave poussaient un rugissement et projetaient des masses de vapeur à plus de trois mille mètres en l'air.

« Cette éruption ne fit aucune victime, expliqua le vulcanologue, mais les dégâts matériels furent importants. On a estimé que le volcan a déversé plus d'un milliard de tonnes de lave à la surface de la terre. »

Alice et ses amis quittèrent le service de vulcanologie remplis d'effroi à la pensée des pouvoirs, parfois monstrueux, de la nature. Keaka les emmena voir le lieu où s'était déroulé le spectacle qu'ils venaient de contempler. Comme tout semblait différent! Le site était gris et paraissait inoffensif. Le guide leur montra quel avait été le cheminement des fleuves de lave vers la mer.

Ils arrivèrent enfin devant le cratère principal de Mauna Loa. Sarah et les jeunes gens, alignés au bord, plongèrent le regard dans la vaste ouverture béante d'un gris-noir et rayée de fissures, les unes étroites, les autres larges.

« Oh! voilà les oiseaux-anges! » s'écria Alice.

Volant bas un moment, disparaissant l'instant d'après, ces oiseaux captaient l'attention d'Alice. Quel secret détenaient-ils, qui permettrait d'élucider le mystère de Kaluakua?

« Ce sont des amis de l'homme, dit Keaka. On dirait qu'ils ont été créés et envoyés ici dans un but précis. Selon ce que l'on raconte, ils sont informés qu'une éruption va se produire et s'envolent alors à tire-d'aile. »

Longtemps, Alice suivit leurs évolutions du regard. Ils restaient suspendus en l'air comme des papillons, battant des ailes sans avancer, puis plongeaient et remontaient.

Tout à coup, elle poussa un cri.

« Je crois savoir ce que le vieux M. Sakamaki voulait dire! » déclara-t-elle.

CHAPITRE XIX

UN TRÉSOR ROYAL

« Tu as élucidé le mystère? demanda Bess, stupéfaite.

— Oh! non, répondit Alice, je pense seulement connaître la signification des oiseaux-anges. Nikkio Sakamaki voulait sans doute faire comprendre à son petit-fils qu'il devait survoler le domaine. »

Comme Keaka s'éloignait en direction de la voiture, Alice expliqua à ses amis ce qu'elle comptait faire.

« Si nous descendons assez bas au-dessus du Pavillon d'Or, nous découvrirons, j'en suis persuadée, soit un nouvel indice, soit la solution du rébus. »

Alice réfléchit une minute, puis proposa un plan.

« J'ai envie de rentrer secrètement à Kaluakua, avec Ned s'il y consent, et de voir si nous pouvons trouver quelque chose. L'un de vous téléphonerait là-bas et dirait que nous avons remis notre retour à demain matin. Les Chatley et leurs amis croiront que ce « nous » comprend Ned et moi. Ainsi nous mènerons notre enquête en toute tranquillité. »

L'idée plut à Ned. Il voulait partir sur-le-champ. Alice lui fit observer que, pour survoler à loisir le Pavillon d'Or, mieux valait prendre un hélicoptère. Il fallait donc en louer un.

« Crois-tu que nous puissions faire confiance à Keaka et lui demander s'il ne connaîtrait pas des pilotes d'hélicoptères? » dit Ned.

Alice approuva la suggestion. Mais, avant d'en parler à Keaka, elle continua d'exposer son plan.

« A Honolulu nous demanderons l'hospitalité aux Armstrong. Si vous avez besoin de nous, téléphonez chez eux. Quant à nous, nous vous appellerons à l'hôtel du Volcan. »

Sarah fit promettre à Alice et à Ned de se montrer d'une extrême prudence. Sur ces entrefaites, Keaka revint vers le groupe, et Alice le mit au courant de son projet.

« J'ai l'homme qu'il vous faut, répondit aussitôt le guide. Nous allons regagner l'hôtel du Volcan et je lui téléphonerai. »

Keaka tint sa promesse. Et ce fut avec un large sourire qu'il annonça :

« Tout est arrangé. Un excellent pilote, Henry Thomas, vous attendra à l'aéroport d'Hilo à quatre heures. »

Alice le remercia et proposa à ses amis d'aller déjeuner.

Vers trois heures, Alice et Ned partirent avec Keaka. A l'aéroport d'Hilo, le guide leur présenta Henry Thomas. C'était un « continental » aux cheveux blonds coupés en brosse, aux yeux d'un bleu lumineux.

« Mission secrète, n'est-ce pas? fit-il avec un clin d'œil amusé. Voilà qui me plaît. Montez, je vous prie. »

Et il leur ouvrit la porte de son hélicoptère.

Alice et Ned échangèrent une poignée de main avec Keaka et le remercièrent de son aide. Puis ils embarquèrent. Les grandes pales se mirent à tourner et, peu après, l'hélicoptère prenait l'air. Comme ils approchaient de la pointe d'Oahu, Ned expliqua au pilote comment repérer l'emplacement exact de Kaluakua.

« Je propose de le survoler d'abord une fois, dit Henry, ensuite nous déciderons par quel angle il convient d'arriver au-dessus du pavillon.

— Excellente idée, répondit Ned. Nous pourrons ainsi voir s'il y a des gens dans le parc.

— Oui, approuva Alice. Je préférerais en effet que personne ne devine que nous étudions le terrain. »

Henry Thomas suivit le rivage. Bientôt, le Pavillon d'Or leur apparut. Alice s'écria :

« Regarde, Ned! Je n'avais pas remarqué jusqu'ici que la plate-bande de fleurs au-dessous de nous avait la forme d'une fleur de plumiera. Un pétale est plus long que les autres. Oh! il est orienté vers la porte secrète qui ouvre sous le pavillon. »

Le domaine semblait désert; nul ne se promenait dans les allées ni sur les pelouses. Alice pria le pilote de survoler de nouveau, et cette fois le plus bas possible, la propriété afin qu'ils puissent bien observer le Pavillon d'Or. Il fit ce qu'elle demandait; Ned et

elle gardaient les yeux rivés au sol. D'en haut, le toit
d'or, en forme de fleur de plumiera, étincelait au
soleil.

« Je n'ai rien vu d'extraordinaire, et toi? dit Ned,
tandis que le pilote accélérait.

— Non, répondit Alice. Henry, pourriez-vous voler
plus lentement et vous rapprocher encore un peu des
frondaisons? »

Cette fois, ils eurent l'impression de frôler le toit
du pavillon et les jeunes gens purent examiner la
fleur à loisir.

« Oh! Ned, je le vois! s'exclama Alice, très excitée.

— Que vois-tu? demanda Ned, surpris.

— Le symbole! Regarde! Juste au centre de la
fleur! expliqua-t-elle. S'il vous plaît, Henry, repassez
encore au-dessus. »

L'hélicoptère décrivit un large demi-cercle et
pointa vers le Pavillon d'Or. Alice et Ned scrutèrent
intensément le symbole qu'Alice avait aperçu. En
quelques traits rapides, elle le dessina sur son bloc-
notes puis feuilleta les pages du carnet.

« Cela vous suffit-il? s'enquit Henry. Je crois que
nous ferions mieux de ne pas nous attarder. Je viens
de voir quelqu'un sortir de la maison. Les habitants
doivent avoir des soupçons.

— Oui, ce sera plus sage », répondit Alice.

Elle continuait à feuilleter son carnet. Enfin elle
trouva la page qu'elle cherchait; elle y avait repro-
duit plusieurs symboles polynésiens accompagnés
de leurs traductions.

« Regarde, dit-elle à Ned, j'ai copié ceux-ci.

— Sur des livres?

— Un peu partout, sur des pièces du musée, des
meubles, des annonces publicitaires. »

D'en haut, le toit d'or étincelait au soleil. →

En parlant, elle comparait l'esquisse qu'elle venait de tracer et les divers symboles déjà réunis.

« Le voilà! s'exclama-t-elle soudain en montrant un des symboles à Ned. Ils sont absolument identiques. Et la signification est : roi!

— Bravo! fit Ned. Mais où cela nous mène-t-il? »

Les yeux brillants, Alice expliqua :

« Selon moi, un trésor appartenant à un ancien roi des îles est caché au centre du plumiera d'or.

— Si tu as raison, nous sommes sur le point d'élucider un des mystères les plus passionnants de toute ta jeune carrière. »

Alice rit de bon cœur et confessa son impatience de visiter le toit du pavillon. Sur ces entrefaites, ils avaient atterri à l'aéroport. Après avoir dit au revoir au pilote, ils prirent un taxi qui les conduisit chez les Armstrong. Chemin faisant, Alice dévoila à Ned son plan d'action.

« Ce soir, nous irons ensemble au Pavillon d'Or avec une échelle. C'est à toi que reviendra l'honneur de découvrir le trésor. J'assurerai ta protection en jouant les fantômes au clair de lune. »

Ned fronça les sourcils.

« Je ne comprends pas bien ce que tu veux dire », déclara-t-il.

Alice développa son idée. Afin d'écarter une éventuelle intrusion des habitants à Kaluakua, elle leur ferait peur en dansant voilée de blanc. Ned pourrait ainsi opérer en toute tranquillité.

Ned se mit à rire.

« Une faible lueur commence à éclairer mon esprit. Tu veux te faire passer pour cette danseuse de hula qui a tant effrayé Kiyabu et sa femme?

— C'est cela même. Il se peut que les choses tournent mal si, par hasard, elle est à Kaluakua. Bah!

sans risques on n'aboutit à rien. Quoi qu'il arrive, je m'efforcerai de te donner le temps nécessaire à la recherche du trésor. »

Ned lui fit observer qu'il ne serait pas judicieux de laisser l'échelle appuyée au pavillon tandis qu'il serait sur le toit. Toute personne qui se promènerait par là et la verrait ne manquerait pas de se livrer à de dangereuses hypothèses.

« Je la cacherai pendant que tu opéreras », promit Alice.

Le taxi venait de s'arrêter devant la maison des Armstrong. Ce fut Mme Armstrong qui leur ouvrit la porte.

« Quel plaisir de vous revoir! dit-elle. Sarah m'a annoncé votre arrivée par téléphone. En apprenant

votre projet, j'ai commencé à m'inquiéter. Je suis bien contente de constater que vous êtes sains et saufs. »

Elle conduisit Alice et Ned aux deux chambres qu'ils allaient occuper, et les invita à venir au jardin où des boissons rafraîchissantes leur seraient servies.

« Si vous n'y voyez pas d'inconvénient, répondit Alice, je préférerais rester à l'intérieur. Il ne faut pas que l'on sache notre présence ici.

— C'est facile, répondit Mme Armstrong. Retrouvez-moi au salon. »

M. Armstrong était sorti; il revint comme Ned et Alice descendaient après s'être lavés et coiffés. Avec la plus grande attention, les Hawaïens écoutèrent Alice leur exposer son plan.

« Pourriez-vous nous procurer une échelle pliante assez légère et qui tiendrait dans notre voiture? » demanda Alice en guise de conclusion.

M. Armstrong réfléchit un moment, puis répondit que son menuisier en possédait une de ce modèle.

« Je suis certain, dit-il, qu'il consentira à vous la prêter. »

Pendant la brève absence du Hawaïen parti téléphoner, Alice demanda à sa femme si elle n'aurait pas un moumou et des voiles blancs.

« Venez avec moi en haut, répondit son hôtesse. Je crois avoir ce dont vous avez besoin. »

Mme Armstrong fouilla dans un tiroir de commode et en sortit deux écharpes blanches et un paquet enveloppé de soie.

« Voici un moumou blanc, dit-elle. Il ne reste plus qu'à lui donner un bon coup de fer, et tout sera prêt pour vous transformer en danseuse fantôme de hula. »

Quand Alice et Mme Armstrong redescendirent au rez-de-chaussée, M. Armstrong leur annonça que le menuisier avait accepté sans difficulté de prêter son échelle.

« Je vais la chercher sur-le-champ, ajouta-t-il.

— Oh! merci beaucoup! Vous êtes trop gentil », dit Alice.

Le dîner eut lieu à l'intérieur afin d'éviter les regards indiscrets. La conversation fut à la fois animée et grave. Comme l'heure du départ d'Alice et de Ned approchait, le jeune homme enfouit dans ses poches plusieurs petits outils qui lui serviraient à inspecter le centre de la fleur d'or. M. Armstrong amena la voiture devant la porte et les deux jeunes gens y montèrent.

« Bonne chance! » dirent M. et Mme Armstrong à voix basse.

En roulant vers Kaluakua, Alice et Ned se demandèrent de quelle façon ils s'introduiraient dans le domaine sans être vus.

« Ce n'est pas difficile, dit enfin Ned. Je vais garer la voiture au-delà des jardins, dans un bosquet touffu que j'ai repéré. Un sentier caché nous conduira à la plage. Nous nous faufilerons ensuite à travers les taillis jusqu'au pavillon.

— La tactique me paraît bonne », approuva Alice.

Lorsque Ned eut arrêté l'automobile, elle murmura :

« Va devant, je te suis. »

Ned se chargea de l'échelle. Alice portait sur ses bras le moumou et les écharpes. Après avoir marché longtemps, ils arrivèrent dans un jardin boisé, proche du pavillon.

Ned dressa l'échelle le long du petit bâtiment, du

côté sombre, et monta lestement. Parvenu sur le toit, il s'aplatit et rampa jusqu'au centre.

Pendant ce temps, Alice avait replié l'échelle et l'avait traînée sous des buissons. Cela fait, elle regarda autour d'elle et tendit l'oreille. Pas le moindre son mais, au loin, sur la plage, elle distingua une lumière qui bougeait.

« Mieux vaut que je revête sans tarder ce costume, se dit-elle. On vient. »

En hâte elle passa le moumou par-dessus sa tête, retira ses chaussures, drapa les deux écharpes sur ses cheveux et ses épaules de manière à pouvoir se cacher le visage à la moindre alerte. Puis elle sortit de l'ombre. La lumière se rapprochait.

Le cœur battant, elle commença à fredonner une mélodie hawaïenne et à danser le hula. Tout en balançant le corps et levant les bras en cadence, elle se demandait ce que Ned faisait là-haut et n'osait pas lever les yeux ni s'éloigner du pavillon.

Soudain la lumière qui venait de la plage s'éteignit. Celui qui la portait avait-il aperçu Alice? Avait-il pris peur à la vue de cette apparition? Ou bien avançait-il vers elle à pas de loup? Un moment Alice sentit son courage l'abandonner et elle eut envie de s'enfuir à toutes jambes. Elle se ressaisit.

Elle continua de danser sur l'herbe, sur les marches du pavillon, sur le dallage. Elle redescendit de l'autre côté. Personne ne vint la déranger.

« Ned n'en a plus que pour une minute », se disait-elle.

Une seconde plus tard, elle sursauta au bruit d'une voix qui chuchotait à peu de distance d'elle. Elle crut d'abord que c'était Ned, puis elle distingua la silhouette d'un homme émergeant du fourré. Son cœur s'arrêta une seconde et se remit à battre. Les jambes flageolantes, elle poursuivit sa danse en se dissimulant le visage avec ses voiles.

« Danse pendant que je te parle, ordonna l'inconnu, et dix minutes encore après mon départ. Kiyabu a peur de toi et il ne s'approchera pas aussi longtemps que tu seras là. »

Alice se réjouit. Sa ruse réussissait.

L'homme s'assit par terre et commença de pianoter sur le bord d'une marche. Ensuite il leva les deux index et les croisa.

La danseuse amateur faillit laisser échapper un cri. Mais elle eut la force de ne pas interrompre sa danse.

« Jim O'Brien! » se dit-elle.

Au bout de quelques secondes, il reprit :

« Tu as eu raison de venir ce soir, Milly, dit-il. Si tu nous avais joué un mauvais tour, toi et ton vendu de mari, vous n'auriez pas fait long feu. Foi de Jim! »

Alice feignit de frissonner, et l'homme fit entendre un rire sardonique.

« Ecoute-moi bien maintenant, et gare à toi si tu n'obéis pas. Demain soir tu reviendras. Alice Roy et sa bande rentrent ici demain. Il y a tout lieu de parier qu'ils voudront observer le fameux « fantôme blanc » : nous en profiterons pour les faire prisonniers. »

O'Brien détailla son plan : Alice et ses amis seraient emmenés dans la montagne et enfermés dans une cabane isolée où on les abandonnerait pieds et poings liés. Ils y périraient de faim.

« Ensuite viendra le tour de Sakamaki, poursuivit l'homme d'une voix dure. Entre-temps nous aurons tout liquidé, sauf les « petits-enfants. »

Ici il eut encore un rire sarcastique.

« Nous les laisserons se débrouiller et prendre possession de l'héritage... dont nous profiterons. »

O'Brien se leva et s'éloigna en direction de la maison.

« Nous sommes arrivés ici juste à temps », songea Alice.

Quand les dix minutes furent écoulées, Ned s'avança au bord du toit.

« J'ai tout entendu. Filons sans perdre un instant! »

Et, très fier de lui, il ajouta :

« J'ai trouvé le trésor du roi! »

Alice se précipita, prit l'échelle et la mit en place; elle alluma sa lampe électrique; Ned descendit les échelons à vive allure. Il portait sur son bras une longue cape faite des plumes d'oiseaux de plusieurs couleurs.

« C'est une des capes de cérémonie en plumes de

Oo, cet oiseau dont l'espèce s'est éteinte! murmura Alice au comble de la joie. Une pièce de musée!

— Elle était admirablement protégée, ajouta Ned. J'ai été obligé de soulever plusieurs plaques protectrices avant de la sortir. C'est pourquoi j'ai été si long. »

Il jeta la cape sur ses épaules et tourna sur lui-même.

« Quelle merveille! » s'extasia Alice.

Au même moment, un bruit de pas les fit sursauter. Ils se mirent à courir. Alice n'avait pas eu le temps d'enfiler ses chaussures, et Ned dut laisser tomber l'échelle qu'il avait saisie en hâte.

Hélas! Il était trop tard. Quatre hommes les entourèrent.

Ned parvint à en envoyer un à terre, mais le nombre était contre les jeunes gens.

On arracha la cape à Ned, on le lia et le bâillonna. Alice subit le même sort. Deux des ravisseurs ramenèrent les prisonniers au Pavillon d'Or; ils ouvrirent le panneau secret sous les fondations et poussèrent les malheureux à l'intérieur. Puis la porte claqua!

CHAPITRE XX

ALOHA!

Incapables de parler et pouvant à peine remuer, Alice et Ned ruminaient leur colère. Ils étaient ulcérés de s'être laissé jouer.

« Avoir découvert le secret et nous le voir arracher comme nous allions partir! C'est trop dur! » gémissait Alice en elle-même.

Les deux prisonniers se roulèrent à terre, se contorsionnèrent et réussirent enfin à se débarrasser de leurs bâillons.

« Où es-tu, Ned? demanda Alice. Si tu peux parler, réponds-moi. »

Une minute plus tard le jeune homme répondit :
« Je suis par là. »

Sa voix semblait parvenir de l'autre bout de leur prison souterraine.

« Patiente un peu, reprit-il, je suis sur le point de me libérer de ces maudites cordes. »

Alice roula dans la direction d'où venait sa voix et, de ses mains liées, l'aida à défaire les nœuds de la corde qui lui enserrait les poignets derrière le dos. A son tour il l'aida, puis tous deux s'affairèrent dans le noir pour dégager leurs chevilles.

« Nous sommes dans de beaux draps! » grommela Ned.

Alice le pria de ne plus se tourmenter et de chercher plutôt avec elle l'ouverture secrète. Ils partirent chacun dans une direction, suivant le mur à tâtons. Enfin ils se rencontrèrent.

« Je n'ai rien senti sous mes doigts, dit Ned.

— Moi non plus. Pas de chance! Recommençons plus lentement et en explorant le moindre centimètre de mur. »

Ils repartirent. Tout à coup, Alice perçut une légère fissure. Elle la suivit de la pointe de l'index.

« Ned, je crois avoir repéré l'ouverture », murmura-t-elle.

Il se hâta de la rejoindre et, après avoir fait courir son doigt le long de la fissure, il poussa un soupir de soulagement. Aidé par Alice, il tira, poussa, martela la surface. La porte ne bougea pas.

« Ecarte-toi, ordonna Ned. Je vais jeter tout mon poids dessus! »

Alice s'accroupit plus loin et attendit. Tel un joueur de football prêt à charger ses adversaires, Ned mit un genou en terre et se fendit. Son épaule craqua contre la maçonnerie.

« Oh! Ned, chuchota Alice, tu vas te rompre les os! »

Ned poussa un soupir et recommença. Boum! Cette fois, un mince rai de lune brilla à travers le faible entrebâillement.

« Ouf! Nous avons réussi! » s'exclama Alice, soulagée.

Ned donna encore plusieurs coups sur cette porte obstinée; enfin elle se souleva.

« Filons aussi vite que possible! chuchota Ned.

— Ah! non, protesta Alice. Si nos ennemis ne sont pas revenus, c'est qu'ils nous croient encore ficelés comme des saucissons. Poursuivons notre enquête. Il se peut que nous apprenions par la même occasion où ils ont mis la cape. Ce misérable O'Brien doit être maintenant dans la maison. »

Alice chercha d'abord ses chaussures. Elle les trouva et les enfila rapidement. Cela fait, les jeunes gens se mirent en route.

Prenant soin de rester autant que possible dans l'ombre, ils se faufilèrent vers la grande demeure. Plusieurs pièces étaient éclairées.

« Surveille les alentours, dit Alice à Ned. Je vais aller sur la pointe des pieds jeter un coup d'œil dans la cuisine par la porte de derrière. »

Il acquiesça d'un mouvement de tête, et elle monta les marches. Parvenue en haut, elle gagna une fenêtre et regarda. Un cri d'horreur lui échappa : Kiyabu et Emma, bâillonnés et ligotés, étaient attachés chacun à une chaise!

Rapidement, elle redescendit et raconta à Ned ce qu'elle venait de découvrir.

« Allons voir les autres fenêtres! » lui dit-elle.

Une grande activité régnait dans le salon. Il y avait là, tous confortablement installés, O'Brien, Mme Peabody, Jane Bradfield, Fred Chatley, un homme aux cheveux blonds tirant sur le roux — sans doute

Ralph Elmloch, un inconnu et trois autres femmes, l'une d'elles portant un bandage au bras.

« Eh bien, Milly, disait Jane à la femme au pansement, on devrait te décerner une médaille.

— Et à moi donc? intervint l'inconnu. Je l'ai accompagnée, pas vrai? C'est ma femme. Je mérite autant de félicitations qu'elle. »

Les propos échangés ensuite apprirent à Alice et à Ned que Milly, la danseuse, était arrivée ce soir-là en retard au rendez-vous. Au lieu de se rendre au Pavillon d'Or pour y faire son numéro de fantôme, elle était allée directement à la maison avec son mari. C'est grâce à cela que le subterfuge d'Alice avait été découvert! Milly leur avait alors parlé de la porte secrète qu'elle avait trouvée.

« Oh! Trêve de bavardages! ordonna O'Brien. Il faut organiser la journée de demain. »

Sur ces entrefaites le mari de Milly se leva et jeta la cape de plumes sur ses épaules. Il se mit à parader autour de la pièce en poussant des cris inarticulés, lesquels imitaient, selon lui, le langage des anciens rois de Hawaï.

« Arrête! ordonna Fred Chatley. Si quelqu'un doit porter cette cape, c'est O'Brien. Il est notre roi à tous, les Double Scorps. »

L'homme connu sous les noms de O'Brien et de O'Malley se leva et prit la cape.

« Oui, dit-il avec hauteur. Michael O'Connor est votre chef, que personne ne l'oublie! »

Le pouls d'Alice s'accéléra. De nombreuses questions soulevées par ce mystère restaient sans réponse. Mais un des aspects de l'affaire la déconcertait particulièrement. Quel était le rôle joué par Fred Chatley et sa sœur? S'ils devaient hériter des deux tiers du domaine, pourquoi les Double Scorps prétendaient-ils en avoir leur part?

« La seule réponse possible, se dit la jeune détective, c'est que Jane et Fred sont vraiment des imposteurs. Peut-être que papa et le professeur Nils Anderson pourront le prouver. Hélas! Nous n'avons pas le droit de les attendre. Il faut arrêter ces misérables avant qu'ils ne prennent la fuite lorsqu'ils découvriront que nous nous sommes évadés. »

« Où est M. Jerral? » se demandait Alice. Comme s'il avait deviné sa pensée, Michael O'Connor se tourna vers un homme qui venait d'entrer dans la pièce.

« Eh bien, docteur Scribnor, comment se porte votre patient? » dit-il.

Le médecin rit avec dédain.

« Je viens de lui faire absorber une potion. Cela le

tiendra tranquille encore un bout de temps. Ensuite, nous lui en administrerons une nouvelle. »

Alice et Ned se regardèrent consternés. Ainsi John Ferral était victime, lui aussi, des Double Scorps.

En silence, Alice et Ned s'éloignèrent. Parvenus à une centaine de mètres de la maison, ils commencèrent à discuter à voix basse. Comment capturer toute la bande?

« Allons au chalet de Kiyabu et de là téléphonons à la police », proposa Alice.

Peu après, Ned avait un inspecteur au bout du fil. En quelques mots, il lui résuma la situation. L'inspecteur promit d'envoyer sur-le-champ une escouade armée. En les attendant, Alice appela les Armstrong auxquels elle fit le récit de leur aventure nocturne.

Parlant à leur tour, ils lui transmirent des nouvelles qui l'enchantèrent : M. Roy, M. Sakamaki et le professeur Nils Anderson venaient de débarquer chez eux et ils allaient partir aussitôt pour Kaluakua.

Alice répéta l'essentiel de cette conversation à Ned.

Tout à coup une expression soucieuse assombrit le visage de Ned. Il porta la main à la poche de sa chemise. Il en sortit une feuille de papier et poussa un soupir de soulagement.

« J'avais peur de l'avoir perdue, expliqua-t-il. Je l'ai trouvée dans la cape de plumes. Au clair de lune, je n'ai pas bien pu déchiffrer, or je crois que c'est très important. Cela doit avoir un rapport quelconque avec le secret. »

Il la déplia. Alice et lui lurent ce qui y était écrit de la main du vieux M. Sakamaki. Il expliquait que cette parure était la copie d'une cape de plumes dite royale; elle avait été offerte à un ancêtre de sa femme en témoignage d'amitié. Comme les rois étaient enterrés avec leur cape, cette reproduction n'en avait que plus de valeur; elle avait été cachée par la famille afin que ni voleurs ni conquérants étrangers ne pussent s'en emparer.

« Ma femme m'a fait promettre, écrivait Nikkio Sakamaki, de ne jamais m'en séparer. Il est devenu difficile de la tenir à l'abri des convoitises. Alors, l'idée m'est venue de la placer au centre de la fleur de plumiera qui allait former le toit d'un pavillon que je me faisais construire. »

L'auteur de la lettre expliquait ensuite pourquoi il avait décidé que son petit-fils aurait à chercher cet objet précieux. Il voulait que jamais il ne pût oublier son passé polynésien, les légendes et les symboles de l'archipel hawaïen. D'abord il avait tracé les symboles de l'eau et de la mort pour indiquer que le Pavillon d'Or, proche de l'eau, recelait un trésor. Le symbole de la mort signifiait que la cape avait appartenu à une personne défunte.

Le parterre de fleurs en forme de plumiera, avec un pétale plus long orienté vers la porte secrète sous le pavillon, constituait un autre élément du rébus. Si le petit-fils réussissait à le comprendre, il arriverait au rébus suivant, lequel, à son tour, le conduirait aux frères Anderson qui connaissaient le secret et lui diraient d'aller voir les oiseaux-anges.

« C'est toi, Alice, dit fièrement Ned, qui as résolu l'énigme et non pas le petit-fils de Nikkio Sakamaki! »

Alice se mit à rire, puis elle s'écria :

« Ecoute! »

Un bruit de pas rapides se faisait entendre au-dehors. Une brève seconde les deux jeunes gens redoutèrent l'irruption brutale de quelques Double Scorps. Ils se raidirent et... Alice se retrouva dans les bras de son père, Ned serra la main du professeur

Nils Anderson, tandis que, debout sur le seuil, M. et Mme Armstrong et M. Sakamaki contemplaient la scène avec attendrissement.

« Les policiers sont déjà là, annonça M. Roy. Ils cernaient la maison quand nous sommes arrivés, et je pense qu'ils ont capturé toute la bande. Allons assister aux aveux. »

En chemin, l'avocat exposa brièvement ce qu'il avait fait à Los Angeles.

« Il y avait deux Nikkio Sakamaki, dit-il. Tous deux originaires du Japon. L'un s'était établi à San Francisco où il s'était marié et avait eu une fille, laquelle à son tour avait eu deux enfants : Fred et Jane. Celui-là n'était pas *notre* M. Sakamaki. Ces enfants, ai-je appris, sont morts, mais leur décès n'est pas enregistré à San Francisco. Les deux personnes qui se font appeler Jane et Fred ont eu connaissance des détails concernant cette famille, et ils se sont procuré quelques pièces leur permettant de se faire passer pour les petits-enfants. Ils ne sont pas frère et sœur, mais mari et femme. L'affaire a été mise sur pied par la bande des Double Scorps. »

L'avocat ajouta qu'il aurait eu beaucoup de peine à démasquer les coupables sans l'aide du professeur Nils Anderson. Les lettres, que le botaniste avait prises dans son coffre à la banque d'Honolulu, prouvaient que M. Sakamaki de Kaluakua vivait au Japon et était célibataire à l'époque où, à en croire les imposteurs, il aurait été à San Francisco avec sa femme.

Quand le groupe entra dans la maison, les membres des Double Scorps, entourés des policiers, protestaient de leur innocence. Ce fut avec une stupéfaction indicible qu'ils regardèrent Alice et Ned.

La vue des deux jeunes gens, la révélation qu'une

« gamine » avait été plus forte que lui, fit perdre
contenance à Michael O'Connor. Il passa sans difficulté aux aveux.

La fortune du vieux M. Sakamaki avait éveillé sa
convoitise. Pour se l'approprier, il avait suivi le jeune
Sakamaki. Apprenant que celui-ci avait prié M. Roy
de s'occuper de ses affaires, il avait épié l'avocat, et
sa filature l'avait mené dans un restaurant où
M. Roy et son client déjeunaient ensemble. Il avait
pu ainsi surprendre toute la conversation relative au
domaine.

« Après avoir établi une surveillance, continua-t-il,
j'ai appris que les fenêtres et les portes de la maison habitée par M. Roy étaient munies de sonneries
d'alarme, sauf celles du deuxième étage. Je me suis
donc mis en quête d'une échelle facile à transporter

sans attirer l'attention. Par chance, j'ai vu un laveur
de vitres employer un modèle convenant à mon des-
sein. Je la lui ai louée. »

Il avoua ensuite s'être emparé d'une bague de jade
chez Homer Milbank.

Il avait un ami spécialiste en bijoux rares et
anciens, et c'était à lui qu'il confiait les pièces volées.

« Je parie que votre compère l'acheteur de bijoux
n'est autre que l'homme qui s'est présenté ici l'autre
jour et a tenté de se faire vendre des bibelots anciens
à bas prix, intervint Ned. C'est à lui aussi, sans doute,
que Ralph Elmloch a vendu les statuettes qu'il avait
volées au vieux M. Sakamaki. »

Au bond que fit O'Connor, tous comprirent que
Ned avait frappé juste. Toutefois, le chef des Double
Scorps ne voulut pas en convenir; il borna ses aveux
à ceci : après avoir découvert qu'Alice comptait se
rendre à Honolulu pour s'occuper de l'affaire, il avait
tenté de l'en empêcher. Il avait volé Togo, mais le
petit chien était parvenu à s'échapper.

« Je vous ai fait suivre à partir de l'aéroport de
Los Angeles, dit-il, mais l'idiot que j'avais engagé
s'est laissé semer comme un débutant. Et vous avez
joué le même tour à un autre de mes hommes lors de
votre arrivée à l'aéroport d'Honolulu. »

Alice voulut savoir pourquoi O'Connor s'était
donné ce mal. Il refusa de répondre. Sans doute, se
dit la jeune détective, avait-il espéré provoquer un
accident : blessées, ses amies et elle n'auraient pu se
rendre à Kaluakua.

Les inspecteurs permirent à Ned et à Alice de
poser d'autres questions aux prisonniers. Ils apprirent ainsi qu'Elmloch sifflait parfois pour attirer
Kiyabu et Emma sur la plage. Profitant de ce qu'ils
étaient absents de la maison ou du chalet, l'un ou

l'autre des Double Scorps entreprenait des recherches.

Ceux-ci avaient appris qu'un secret était lié au domaine et en avaient déduit qu'il s'agissait d'un trésor. Comme ils ne savaient pas si celui-ci se trouvait dans la demeure principale ou chez Kiyabu, ils espéraient découvrir une lettre ou un indice susceptible de les éclairer.

« Est-ce vous qui avez décelé l'entrée secrète sous le pavillon? demanda Alice à Milly, la danseuse.

— Oui, répondit-elle. Tout à fait par hasard. J'ai rampé dessous à la recherche du trésor, j'ai fouillé partout : en vain. Alors j'ai renoncé. »

Elle lança un regard noir au roi des Double Scorps.

« Vous m'avez roulée en gardant la part de la somme d'argent qui me revenait. Si j'avais eu le bonheur de mettre la main sur un trésor, je me serais enfuie avec.

— C'est bon! C'est bon! intervint un inspecteur. Avez-vous d'autres questions à poser, mademoiselle? »

Ces dernières paroles s'adressaient à Alice.

« Oui, répondit-elle. Qui m'a envoyé le lei noir garni de pointes empoisonnées? »

O'Connor confessa que l'idée venait de lui. Quant à l'exécution, il en avait chargé Ralph Elmloch. C'était O'Connor qui avait jeté les pincettes dans une tentative désespérée pour empêcher Alice d'intervenir dans l'affaire.

Pendant tout ce temps Kiyabu et Emma, libérés par deux policiers, s'étaient tenus sur le seuil, regardant avec stupeur les prisonniers. Kiyabu s'avança et, désignant le mari de la danseuse, il déclara reconnaître en lui l'homme qui était venu acheter des objets précieux à Kaluakua avant l'arrivée d'Alice.

« Mais, monsieur l'inspecteur, dit Kiyabu, je n'ai même pas consenti à les lui montrer. Je n'avais pas le droit d'en disposer. »

Il jeta un regard méprisant à l'homme et reprit :

« Quand j'ai refusé, il a tenté de me soudoyer. Je veux savoir, poursuivit Kiyabu, pourquoi vous avez piétiné mes fleurs, ravagé mes buissons, et détruit en partie la pelouse. »

Ce fut O'Connor qui répondit :

« Pour vous pousser à bout et vous forcer à partir. Vous nous exaspériez à toujours nous surveiller. Impossible de faire un pas sans vous voir! »

M. Sakamaki, de River City, dévisagea le misérable avec dégoût.

« O'Connor, vous vous êtes trompé depuis le début. Et vous vous êtes plus lourdement trompé encore en ce qui concerne Kiyabu et sa femme. Jamais ils ne seraient partis alors qu'ils avaient la garde de la propriété. Ce sont les personnes les plus loyales, les plus fidèles qu'il se puisse imaginer. »

Le chef de l'escouade déclara qu'il était temps d'emmener les malfaiteurs en prison. Comme il parlait, un homme en uniforme de police descendit l'escalier. C'était un médecin.

« J'ai examiné M. Jerral, annonça-t-il. D'ici à deux jours il sera rétabli, et je peux affirmer que les drogues qu'on lui a fait absorber ne laisseront aucune trace fâcheuse.

— Quelle bonne nouvelle! » s'écria Alice, heureuse que cette aventure n'eût aucune conséquence grave pour le détective.

Les Double Scorps furent répartis dans plusieurs fourgons cellulaires. Alice et ses amis les regardèrent s'éloigner. Comme ils s'apprêtaient à rentrer dans la maison, ils entendirent des voix venir d'un autre côté. Une minute plus tard, Bess, Marion, Bob, Daniel et Sarah montaient vivement les marches du perron.

« Nous avons tout entendu, mais nous n'avons pas voulu interrompre les aveux par une irruption intempestive! cria Bess en serrant Alice dans ses bras. Oh! tu es unique au monde!

— Je ne suis pas seule à mériter des louanges. Vous m'avez tous aidée à élucider ce mystère », protesta Alice.

Sans prêter attention à ces paroles, Marion déclara :

« Un ban pour Alice Roy! »

Tous applaudirent à tour de bras.

Alice les pria d'applaudir également Ned.

« Attendez de savoir ce qu'il a fait! » dit-elle.

Les nouveaux arrivants serrèrent la main de M. Roy et furent présentés au professeur Nils Anderson et à M. Sakamaki. Bess expliqua la raison de leur retour plus rapide que prévu.

« J'ai eu l'intuition qu'il se passait des événements étranges à Kaluakua et j'ai voulu y jouer un petit rôle. »

Sarah et les jeunes gens avaient pris l'avion et téléphoné chez les Armstrong. N'obtenant pas de réponse, ils étaient venus directement à la propriété. A la vue des voitures de police, ils avaient compris que les jeux étaient faits et avaient décidé d'écouter par une fenêtre plutôt que d'intervenir mal à propos.

Kiyabu avait jeté la cape de plumes sur les épaules de M. Sakamaki, lequel ne cessait de célébrer les louanges des Roy et de leurs amis.

« Vous n'avez même pas hésité à risquer votre vie pour découvrir le secret du Pavillon d'Or, dit-il. Grâce à vous, Kaluakua sera offert à la ville d'Honolulu à condition qu'elle en fasse un théâtre de plein air. Demain nous célébrerons votre victoire par un grand *luau*. Que diriez-vous d'organiser la fête? »

Marion prit aussitôt la parole.

« Avec plaisir et nous donnerons un spectacle. Alice dansera le hula, Ned sera couronné roi et portera la parure de plumes! »

Alice et Ned acceptèrent en riant.

TABLE

IMPRIMÉ EN FRANCE PAR BRODARD ET TAUPIN
58, rue Jean Bleuzen - Vanves - Usine de La Flèche, 72200
Loi n° 49-956 du 16 juillet 1949 sur les publications destinées à la jeunesse.
Dépôt : mars 1977.

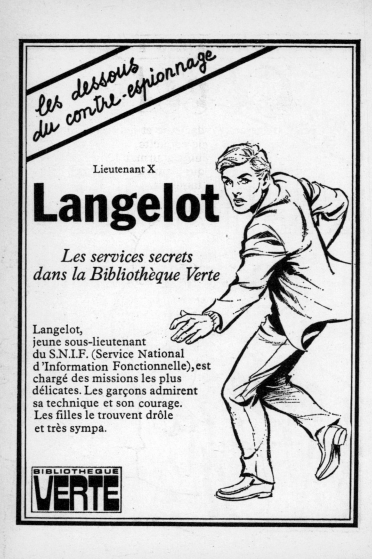

les dessous du contre-espionnage

Lieutenant X

Langelot

*Les services secrets
dans la Bibliothèque Verte*

Langelot,
jeune sous-lieutenant
du S.N.I.F. (Service National
d'Information Fonctionnelle), est
chargé des missions les plus
délicates. Les garçons admirent
sa technique et son courage.
Les filles le trouvent drôle
et très sympa.

BIBLIOTHÈQUE
VERTE

BIBLIOTHÈQUE VERTE

Cécile

Cécile, treize ans, audacieuse et débrouillarde.
Une amie coquette,
une autre plutôt gourmande
et un jeune frère qui s'amuse beaucoup
à les taquiner.

Par Georges Bayard
auteur de la célèbre
série MICHEL

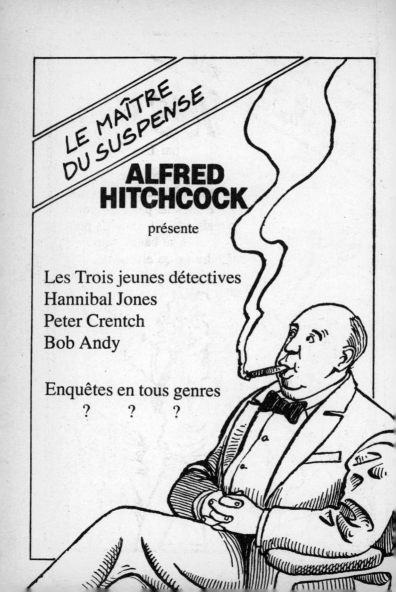

LE MAÎTRE
DU SUSPENSE

**ALFRED
HITCHCOCK**

présente

Les Trois jeunes détectives
Hannibal Jones
Peter Crentch
Bob Andy

Enquêtes en tous genres
?   ?   ?

votre nouvelle amie dans la bibliothèque verte

JUSTINE

par Laurencie

Amusante et tendre, timide et passionnée,
Justine est une lycéenne française.
Elle ne cherche pas l'aventure.
mais elle est toujours prête
à se battre pour
défendre ce qu'elle aime.